우리말 맞춤법 수업

한 권으로 끝내는 가장 쉬운 맞춤법 책

우리말 맞춤법 수업

배상복 지음

사람in

차례

제1장 ┆ 맞춤법의 기본 원칙

제2장 ┆ 비슷한 말 구분하기

각기 다른 의미로 쓰이는 말

제3장 ┃ 틀리기 쉬운 말 바로 쓰기

둘 중 하나는 틀린 말

제4장 | 가급적 피해야 할 표현

제5장 | 띄어쓰기 한 방에 정복하기

제6장 | 외래어 표기법

제7장 | 복습 문제 풀이 및 정답(총 100문항)

한글은 쉽지만
우리말은 어렵다

한글이 세계에서 가장 우수한 문자라는 것은 이제 두 말할 필요가 없다. 세계적 언어학자들이 입이 마르도록 칭찬하는 것이 한글이다. 특히 인터넷 시대, 정보화 시대 속도와 정확성에서 한글을 따라올 문자가 없다. 그러나 그렇다고 우리말이 마냥 쉬운 것은 아니다. 한글은 쉽지만 우리말은 어렵다고 한다. 막상 우리말을 배우는 외국인들은 배우면 배울수록 어렵다고 이야기한다.

외국인뿐 아니라 우리도 마찬가지다. 일상생활에서 의사소통을 하는 데 크게 어려움을 느끼지 못하기 때문에 우리말을 잘 알고 있다고 생각하기 십상이지만 막상 글로 쓰려면 헷갈리는 것이 한두 가지가 아니다. 아무리 노력을 기울여도 자주 틀리는 맞춤법이 적지 않다. 특히 요즘에는 축약된 문자 메시지나 인터넷 용어 등에 익숙해지다 보니 더욱 어려움을 느끼는 측면도 있다.

맞춤법 틀리는 직장인은 이미지도 나빠진다

이러한 현상은 실제 조사에서도 나타난다. 한 취업포털이 조사한 결과 업무 중 '맞춤법 실수를 한 적이 있느냐'는 질문에 73.8%의 응답자가 그렇다고 답했다고 한다. 그렇다면 맞춤법이 틀리는 직원을 보면 어떤 인상을 가지게 될까? 직장인의 67.1%가 업무 중 맞춤법을 틀리는 동료는 이미지가 나빠진다고 답했다. '맞춤법 실수가 본인의 이미지 및 평가에 영향을 미친다고 생각하나요?'라는 질문엔 무려 88.4%의 직장인이 '그렇다'고 답했다.

대학생과 직장인이 어려워하는 것은 어떤 부분일까? 특별히 더 깊이가 있는 것도 아니다. 대학생과 직장인을 대상으로 조사한 '가장 헷갈리는 맞춤법' 1위는 띄어쓰기가 차지했다. 2위는 '되/돼', 3위는 '이/히', 4위는 '왠지/웬지', 5위는

'든지/던지', 6위는 '안/않', 7위는 존댓말이라고 답했다고 한다. 대체로 이들은 기본적인 맞춤법에 속하는 것이지만 고등교육을 받은 대학생이나 직장인이 아직도 이런 것에 힘들어한다는 것은 우리말이 얼마나 어려운지를 대변해 주는 것이기도 하다.

대학생과 직장인을 위한《우리말 맞춤법 수업》

이 책에서는 대학생 및 직장인의 눈높이에 맞춰 우리말을 쉽고 재미있게 설명하고자 했다. 대학생 및 직장인이 가장 헷갈려 하는 것과 더불어 아무리 노력을 기울여도 계속해 어려움을 느끼는 것들을 중심으로 알기 쉽게 풀어놓았다. 특히 제7장에서는 각 장에서 다룬 항목의 순서대로 사지

선다형 복습 문제(100개)를 만들어 놓아 책을 읽은 다음 재미있게 문제를 풀어보면서 다시 한번 점검할 수 있도록 새롭고 흥미로운 방식으로 구성했다.

맞춤법을 틀리는 것은 평소 그만큼 노력을 기울이지 않기 때문이기도 하다. 대학생이나 직장인 가운데 맞춤법을 몰라서 이미지에 타격을 받지 않을까 걱정되는 사람이 있다면 이 책을 읽어 보면 어떨까 한다. 한번 읽어보고 복습 문제를 풀어 본다면 훨씬 자신감을 가질 수 있으리라 생각한다. 더불어 리포트나 답안지 작성, 보고서·기획서 작성 등에서 남들보다 우수한 평가를 받을 수 있으리라 믿는다.

배상복

맞춤법의 기본 원칙

한글 맞춤법에는 몇 가지 큰 원칙이 있다. 그것은 표준어를 소리 나는 대로 적되 어법에 맞도록 함을 원칙으로 한다는 것이다. 다만 소리 나는 대로 적다 보면 의미를 전달하기 어렵거나 통일하기 어려운 점이 있어 몇 가지 규칙을 정하고 있다. 또 하나는 문장의 각 단어를 띄어 씀을 원칙으로 한다는 것이다. 이 역시 띄어 쓰되 몇 가지 규칙을 정해 놓고 있다.

여기에 덧붙여 외래어는 외래어 표기원칙에 따라 적는다는 원칙도 있다. 이 세 가지 큰 원칙이 한글 맞춤법의 총칙을 구성하고 있다. 이들은 우리말 쓰기의 가장 기본적인 원칙이다. 그리고 표준어라는 것이 있는데 이는 교양 있는 사람들이 두루 쓰는 현대 서울 말을 가리킨다. 이러한 사항은 이 책의 각 장에 나누어 담고 있다.

제1장에서는 맞춤법 가운데서도 우선적으로 알아두어야 할 사항을 간추려 다루고자 한다. 두음법칙이나 사이시옷, 구개음화 같은 것은 우리말 맞춤법을 구성하는 가장 기본적인 사항이다. 이를 따로 떼어내 먼저 다룸으로써 맞춤법의 기본적인 사항부터 익히고 뒤에 나오는 다른 것들을 좀 더 수월하게 습득하기 위함이다.

'남녀' '여남'
그것이 문제로다

> 두음법칙

> **'女子'의 북한 표기는 '여자'일까, '녀자'일까?**

세상을 살아가면서 인간관계를 맺는 것 가운데 가장 중요
한 요소의 하나가 남녀 관계다. '남녀'는 남자를 뜻하는 '남
(男)자'를 앞세운 단어다. 만약 여자를 앞세운다면 '녀남(女男)'
으로 표기하면 될까? 당연히 '녀남'이 아니라 '여남'으로 표
기해야 한다. 왜 그럴까? 그것은 바로 두음법칙 때문이다.
'女'가 낱말의 맨 앞에 있을 때는 '녀'가 아니라 '여'로 발음
한다. 만약 '녀남'이나 '녀자'로 발음한다면 그 사람은 간첩
일 가능성이 크다. 북한에서는 두음법칙을 적용하지 않기
때문이다.

두음법칙 자체는 그리 어려운 것이 아니다. 한자음 '녀, 뇨, 뉴, 니'가 단어 첫머리에 올 때는 두음 법칙에 따라 '여, 요, 유, 이'로 적는다는 것을 가리킨다. 즉 '여자(女子)'처럼 '녀'가 단어의 맨 앞에 나올 때는 '여'로 적고 '남녀(男女)'처럼 첫머리가 아닐 때는 한자음 그대로 '녀'로 적는 것이다.

　　한자음 '랴·려·례·료·류·리'도 단어의 첫머리에 올 때는 '야·여·예·요·유·이'로 적는다. 이 두음법칙에 따라 '歷史'는 '력사'가 아닌 '역사', '倫理'는 '륜리'가 아닌 '윤리'로 읽어야 한다. '經歷'의 '歷'은 똑같은 한자지만 '역사(歷史)'에서와 달리 단어의 첫머리가 아니므로 '경력'으로 읽어야 한다. '연세(年歲)' '말년(末年)'도 같은 경우다. '年'이 어두에 오는 것이 아니라면 '년'으로 읽어야 한다.

바르게 사용하기

녀자 ➡ 여자(女子)	녀남 ➡ 여남(女男)
년도 ➡ 연도(年度)	남여 ➡ 남녀(男女)
행열 ➡ 행렬(行列)	력사 ➡ 역사(歷史)
륜리 ➡ 윤리(倫理)	패윤 ➡ 패륜(悖倫)
말연 ➡ 말년(末年)	년세 ➡ 연세(年歲)

'년도' '연도'
그때그때 달라요

두음법칙의 예외

'2023연도'일까? '2023년도'일까?

그러나 두음법칙이 그렇게 단순하지만은 않다. '2023연도'냐 '2023년도'냐와 같이 헷갈릴 때가 적지 않다. 두음법칙을 단순하게 적용해서는 소용이 없기 때문이다. '연도'와 '년도'는 둘 다 쓰인다. '연도'는 '결산연도' '1차 연도' '졸업 연도'에서처럼 편의상 구분한 1년 동안의 기간이나 앞의 말에 해당하는 그해를 가리킬 때 쓰인다.

'결산연도'는 단어의 첫머리가 아니므로 '결산년도'와 같이 본음대로 적기 십상이다. 그러나 '결산연도'로 적는 것이 맞다. 독립성 있는 단어에 접두사처럼 쓰이는 한자가 붙어서 된 말이나 두 개의 낱말이 결합해 합성어가 된 경우 뒤의 단어에도 두음법칙이 적용된다는 예외 규정이 있기 때문이다.

이에 비해 '년도'는 '2023년도'에서와 같이 해(年)를 지칭하는 말 뒤에 쓰여 일정한 기간 단위로서의 그해를 가리킬 때 사용된다. 따라서 '2022년도' '2023년도' 등처럼 쓰인다. 보통 숫자 뒤에는 '년도'가, 숫자가 아닌 낱말 뒤에는 '연도'가 붙는다고 생각하면 구분하기 쉽다.

그렇다면 '신년도' '신연도'는 어느 것이 맞을까? 새로운 연도를 얘기하기 때문에 언뜻 봐서는 '신연도'가 맞을 것 같다. 그러나 정답은 '신연도'가 아닌 '신년도'다. '신(新)+연도(年度)' 구성이 아니라 '신년(新年)+도(度)'로 이루어진 단어라 보기 때문이다.

바르게 사용하기

2023연도 ➡ 2023년도	결산년도 ➡ 결산연도
신연도 ➡ 신년도	1차 년도 ➡ 1차 연도
졸업 년도 ➡ 졸업 연도	청녹색 ➡ 청록색
미입자 ➡ 미립자	소입자 ➡ 소립자
수유탄 ➡ 수류탄	파염치 ➡ 파렴치

'인사말'을 할까,
'인삿말'을 할까?

> 사이시옷

오랜만에 (인사말/인삿말)을 했다.

우리말 맞춤법에서 가장 어렵게 느껴지는 것 가운데 하나가 사이시옷이다. 단순하지 않으므로 다음과 같이 세 가지로 나누어 설명하는 것이 좋겠다. 사이시옷을 받쳐 적는 조건이다.

　우선 순우리말로 된 합성어이거나 순우리말과 한자어로 구성된 합성어로서 앞말이 모음으로 끝나야 한다. 이러한 조건을 충족하는 합성어 중 다음과 같은 경우에 사이시옷을 붙인다.

　첫째는 뒷말의 첫소리가 된소리(ㄲ, ㄸ, ㅃ, ㅆ, ㅉ)로 나는 경우다. 나뭇가지[나무까지], 머릿기름[머리끼름], 귓병[귀뼝], 전셋집[전세찝]이 이런 예다.

둘째는 뒷말의 첫소리 'ㄴ, ㅁ' 앞에서 'ㄴ' 소리가 덧나는 경우다. 잇몸[인몸], 제삿날[제산날]을 예로 들 수 있다.

셋째는 뒷말의 첫소리 모음 앞에서 'ㄴ ㄴ'이 덧나는 경우다. 깻잎[깬닙], 베갯잇[베갠닏], 예삿일[예:산닐], 훗일[훈:닐] 같은 단어들이다.

하지만 이것에도 예외가 있다. '한자어+한자어'로 이루어진 합성어는 사이시옷을 붙이지 않지만 두 음절로 된 한자어 6개는 예외적으로 시옷을 붙인다. 즉 곳간(庫間), 셋방(貰房), 숫자(數字), 찻간(車間), 툇간(退間), 횟수(回數)다. 여섯 가지를 외워두는 수밖에 없다.

바르게 사용하기

인삿말 → 인사말	│	머릿말 → 머리말
세배돈 → 세뱃돈	│	나무가지 → 나뭇가지
머리기름 → 머릿기름	│	귀병 → 귓병
전세집 → 전셋집	│	예사일 → 예삿일

'이오' '이요'
도대체 어느 것이오?

~이오/~이요

이것은 (책이요/책이오).

문장을 끝낼 때 '책이요'처럼 '~이요'를 쓰는 경우가 많다.
그것은 "안녕하세요" "아니에요"처럼 문장의 끝에 '~요'가
쓰이는 예가 많기 때문에 자연스레 일어나는 현상이다. 그
러나 이때는 '~이요'가 아니라 '~이오'를 사용해야 한다. 즉
'책이오'라고 해야 한다. 종결어미는 '~이오'이기 때문이다.

"그대를 사랑하오" "건강은 건강할 때 지키는 것이 중요
하오" "얼마나 심려가 크시오?" 등이 '~오'가 쓰이는 예다.
현실적으로 '사랑하오' '중요하오' 같은 표현보다 '사랑해'
'사랑합니다' '중요해' '중요합니다' 등의 형태로 주로 쓰이

23

기 때문에 '~오'가 더욱 생소하게 다가온다.

문장을 종결하는 게 아니라 어떤 사물이나 사실을 열거할 때는 '~이요' 형태를 쓴다. "산은 산이요, 물은 물이로다" 같은 경우다. 이때는 종결어미가 아니라 연결어미로 쓰인 것이기 때문에 '산이오'가 아니라 '산이요'가 된다. "우리는 친구가 아니요, 형제랍니다"도 이렇게 쓰인 경우다.

'이다'뿐 아니라 '아니다' 다음에서도 '~오'는 종결어미로 '~요'는 연결어미로 쓰인다. 따라서 "그것은 내가 한 짓이 아니요"의 경우는 "내가 한 짓이 아니오"라고 해야 한다. "그 같은 영광은 저절로 오는 것이 아니요, 뼈를 깎는 노력의 결과다"처럼 연결하는 경우에는 '아니요'가 맞다.

그렇다면 "안녕하세요" "아니에요" 등에서 쓰이는 '~요'는 무엇이냐고 묻는 사람이 있을 수 있다. 이때의 '~요'는 존경을 나타내는 보조사다. '~요'는 존경을 나타내는 보조사뿐 아니라 위에서 얘기한 것처럼 연결어미로도 쓰인다.

바르게 사용하기

이것은 책이요 → 이것은 책이오 | 어명이요 → 어명이오

어쩐 일이요? → 어쩐 일이오?

그것이 아니요 → 그것이 아니오

열심히 해도 '~이''~히'를 구분하기 어렵네

부사어 ~이/~히

어떻게 해야 할지 (곰곰이/곰곰히) 생각해 보았다.

'~이'와 '~히'를 정확하게 가려 쓴다는 것은 쉽지 않다. 대학생과 직장인을 대상으로 한 조사에서도 가장 헷갈리는 맞춤법 3위를 차지했다고 한다. 발음이 분명하게 '이'나 '히'로 난다면 그대로 따라 적으면 되지만 발음만 가지고는 구분이 어렵기 때문이다.

맞춤법에는 부사의 끝음절이 분명히 '이'로만 나는 것(지긋이, 외로이, 나날이 등)은 '~이'로 적고, '히'로만 나거나(딱히, 특히, 급히, 정확히 등) '이'나 '히'로 동시에 나는 것(꼼꼼히, 열심히, 가만히, 분명히 등)은 '~히'로 적는다고 규정하고 있다.

그러나 막상 발음으로 이것을 구분한다는 것은 쉽지 않다. 다음 경우의 수를 보는 것이 도움이 될 듯하다.

1) '이'로 적는 경우

① ㄱ받침으로 끝나는 순우리말 뒤

깊숙이, 촉촉이, 큼직이, 끔찍이, 그윽이 등

② ㅂ불규칙 용언 뒤

날카로이, 너그러이, 가벼이, 새로이, 외로이 등

③ 한 단어를 반복한 복합어 뒤

겹겹이, 번번이, 일일이, 틈틈이 등

④ ㅅ받침으로 끝나는 어근 뒤

깨끗이, 다소곳이, 버젓이, 산뜻이 등

⑤ '~하다'가 붙지 않는 용언의 어간 뒤

헛되이, 실없이, 적이, 같이, 굳이 등

2) '히'로 적는 경우

'~하다'가 붙는 어간 뒤

조용히, 답답히, 과감히, 막연히, 엄격히, 정확히, 고요히 등

그러나 예외가 있다. '깨끗하다'가 말이 되지만 '~히'를 쓰지 않는다. 어간 '깨끗~'의 마지막 자음이 'ㅅ'으로 끝났기 때

문이다. 그리고 '열심하다'가 말이 안 되지만 '열심이'가 아니라 '열심히'가 맞다.

'이'와 '히'는 경우의 수가 너무 많아 온전히 구분해 적기가 쉽지 않으므로 헷갈릴 때는 표준국어대사전을 찾아보는 것이 좋다.

바르게 사용하기

곰곰히 → 곰곰이	틈틈히 → 틈틈이
번번히 → 번번이	일일히 → 일일이
솔직이 → 솔직히	열심이 → 열심히
분명이 → 분명히	심이 → 심히
빈번이 → 빈번히	각별이 → 각별히

문자언어로 진화한
구개음화 '구지' '해도지'

> 구개음화

동해안에 가서 신년 (해돋이/해도지)를 보고 왔다.

문자 메시지를 할 때 '굳이'를 '구지'라고 적어 보내는 사람이 적지 않다. 문자 메시지는 속도와 정확성이 생명인데 이렇게 하는 것이 두 가지를 모두 충족시킬 수 있기 때문이다. '구지'라고 하면 받침이 없기 때문에 속도에서 이득이고 '구지'는 '굳이'를 발음한 것이기 때문에 의미가 정확하게 전달된다. 이것이 인터넷시대·정보화시대 한글의 우수성을 보여주는 것이기도 하다.

그런데 재미있는 사실은 '굳이'를 '구지'라고 발음하는 것은 바로 구개음화현상이라는 것이다. 문자언어로 진화한 구개음화인 셈이다. '해돋이' 역시 문자메시지라면 '해도지'로 적기 십상이다. 이 역시 구개음화현상이 일어난 형태가 '해도지'인 것이다. 구개음화(口蓋音化)란 구개음이 아닌 것이 구개음으로 바뀌는 현상을 가리킨다. 자음은 조음 위치에 따라 여러 가지로 분류되는데, 그중에서 혀가 입천장에 닿아야만 나는 소리를 가리켜 '구개음(口蓋音)'이라고 한다. 다른 말로는 '입천장소리'라고도 한다.

구체적으로는 '솥'이나 '굳다' '닫다'처럼 명사나 용언 어간의 받침이 'ㄷ'이나 'ㅌ'으로 끝나는 말이 이에 해당한다. 이들에 '이'나 '히'로 된 조사·접미사가 연결되면 'ㄷ'은 [ㅈ]으로 변하고, 'ㅌ'은 [ㅊ]으로 변한다. 이것이 바로 구개음화다. 이처럼 규칙으로 설명이 가능한 경우에는 실제 소리와 표기가 차이가 나더라도 소리대로 적지 않고 원형을 밝혀 적도록 하는 것이 한글 맞춤법에 전반적으로 적용되는 원리다.

바르게 사용하기

구지 → 굳이	해도지 → 해돋이	마지 → 맏이
고지 → 곧이	바치 → 밭이	샅싸치 → 샅샅이
구치다 → 굳히다	무치다 → 묻히다	

'~지'와 '~치'를 알아야
섭섭지 않다

(섭섭지/섭섭치) 않게 사례를 했다.

'섭섭지' '섭섭치'처럼 '~하지'가 줄어들 때 '치'가 되는지, '지'가 되는지는 다들 어려워하는 부분이다. 간결한 맛이 있기 때문에 세 글자로 적고 싶은데 쉽지가 않다. '치'가 되는지, '지'가 되는지는 '~하지' 앞이 유성음이냐, 무성음이냐에 달려 있다. 목청이 떨려 울리는 소리가 유성음이고 성대를 진동시키지 않고 내는 소리가 무성음이다.

'~하지' 앞이 유성음(모음이나 ㄴ, ㄹ, ㅁ, ㅇ)일 때는 'ㅏ'만 떨어져 'ㅎ+지=치'가 된다. '흔치, 간단치, 만만치, 적절치, 가당치, 온당치' 등이 이런 예다.

30

'~하지' 앞이 무성음(ㄱ, ㅂ, ㅅ)일 때는 '하' 전체가 떨어지고 '지'만 남는다. '섭섭지, 익숙지, 넉넉지, 거북지, 탐탁지, 답답지, 깨끗지, 떳떳지' 등이 이에 해당한다.

이러한 현상은 '~하다' '~하게' '~하도록' '~하건대'가 줄어들 때도 마찬가지다. '다정하다→다정타' '흔하다→흔타' '간편하게→간편케' '이바지하도록→이바지토록' '생각하건대→생각건대' '참석하기로→참석기로' 등으로 적어야 한다.

유성음 뒤에서는 자연스럽게 거센소리가 나므로 크게 헷갈리지 않는다. 무성음인 'ㄱ, ㅂ, ㅅ' 뒤에선 거센소리가 아닌 '지' '게' '다' '기' 등으로 적는다고 기억하면 쉽다. 그래도 어렵거나 헷갈리면 줄이지 말고 아예 '익숙하지' '섭섭하지' '깨끗하지' 등으로 적으면 된다.

바르게 사용하기

섭섭치 → 섭섭지	익숙치 → 익숙지
넉넉치 → 넉넉지	거북치 → 거북지
탐탁치 → 탐탁지	답답치 → 답답지
깨끗치 → 깨끗지	떳떳치 → 떳떳지
참석키로 → 참석기로	생각컨대 → 생각건대

'선쾌'는 얼굴 모양이
너무 이상해!

준말의 표기법

전시에서 좋은 작품 (선쾌/선뵈).

'선쾌'와 '선뵈'는 어느 것이 맞는 표기일까? 아마도 '선뵈'가 맞는 말이라 생각하는 사람이 꽤 많을 것이라 여겨진다. 언뜻 봤을 때 '선쾌'는 어딘지 모양이 아닌 듯하고 '선뵈'가 맞는 것 같다.

'선뵈다'가 '선뵈고, 선뵈니, 선뵈면' 등으로 활용되는 것을 생각하면 '선쾌'도 '선뵈'가 아닌가 더욱 확신을 갖기 십상이다. 그러나 '선뵈다'는 어간 '선뵈'로만 말이 끝날 수가 없다. '먹다→먹어, 예쁘다→예뻐, 우습다→우스워'에서 보듯 종결어미인 '~어'를 추가해야 한다. '선뵈다' 역시 어간인 '선뵈'에 '~어'를 덧붙이면 '선뵈어'가 되고 이것이 줄면 '선봬'가 된다. 따라서 '~작품 선뵈'가 아니라 '선봬'라고 해야 한다.

그렇다면 "(만나 뵈/만나 봬) 반갑습니다"는 어느 것이 맞는 표현일까? 여기에서도 정답은 '만나 봬'다. 이때도 '뵈다'의 어간인 '뵈'가 홀로 쓰이지 못하고 연결어미인 '~어'를 추가해야 한다. '뵈+어 → 뵈어 → 봬'가 되는 것이다.

문제 하나 더. 헤어질 때 많이 쓰는 "내일(뵈요/봬요)"는 어느 것이 맞을까? 이 역시 '뵈다'의 어간 '뵈'에 '~요'가 바로 붙지 못하고 '어'를 추가해야 한다. 즉 '뵈+어+요' 형태가 되고 '뵈어요'가 줄어 '봬요'가 된다.

바르게 사용하기

좋은 작품 선뵈 → 좋은 작품 선봬

내일 뵈요 → 내일 봬요

만나 뵈 반갑습니다 → 만나 봬 반갑습니다

'아지랑이'인지,
'아지랭이'인지 아물아물

> ' ㅣ ' 모음 역행동화

(아지랑이/ 아지랭이)가 아물아물 피어 오른다.

봄을 상징하는 단어에는 꽃말이 많지만 아지랑이도 빼놓을
수 없다. 봄날 따스한 햇볕이 내리쬘 때 공기가 공중에서 아
른아른 움직이는 현상으로, 시어(詩語)로 많이 쓰인다. 노랫
말에도 자주 나온다. 아지랑이에는 꿈과 환상, 그리움 같은
것이 담겨 있다. 그러나 '아지랭이'라 적혀 있는 곳이 적지 않
다. 일반 글에서는 '아지랭이'가 더 많이 나올 정도다.

흔히 '아지랑이'를 '아지랭이'로 발음하는 것은 뒷글자
'이'의 영향을 받아 비슷하게 소리 나는 현상 때문이다. 이를
' ㅣ 모음 역행동화'라고 한다. '~랑이'보다 '~랭이' 발음이 편

한 이유다. '호랑이→호랭이' '가자미→가재미' 등의 발음이 이런 것들이다. 하지만 맞춤법은 이 경우 발음을 인정하지 않고 '아지랑이' 등과 같이 원래대로 적도록 하고 있다.

'~장이'와 '~쟁이'는 좀 다르다. 발음에 관계없이 기술자에게는 '~장이', 그 외에는 '~쟁이'를 쓰도록 규정해 놓았다. 간판장이·대장장이 등 전문적 기술을 가진 사람에겐 '~장이'를, 개구쟁이·거짓말쟁이 등과 같이 성질·습관·행동 또는 직업(점쟁이)을 나타내는 단어에는 '~쟁이'를 붙인다.

'ㅣ 모음 역행동화'가 일어난 형태를 표준어로 인정하는 것도 있다. '서울내기, 신출내기, 시골내기, 풋내기, 냄비, 올챙이, 담쟁이, 골목쟁이, 동댕이치다' 등이다. 규정이 일정하지 않다 보니 막상 적으려고 하면 혼란스러울 때가 많다. 헷갈릴 때는 사전을 찾아보는 것이 좋다.

바르게 사용하기

아지랭이 → 아지랑이	호랭이 → 호랑이
노랭이 → 노랑이	가재미 → 가자미
손잽이 → 손잡이	담장이 → 담쟁이
골목장이 → 골목쟁이	남비 → 냄비

'승락'을 받아야 하나, '승낙'을 받아야 하나?

> 본음과 속음

부모님의 (승락/승낙)을 받지 못했다.

청하는 바를 들어주는 것을 나타낼 때 '승낙'이라 해야 할지, '승락'이라 해야 할지 헷갈린다. 결론부터 얘기하면 '승락'이 아니라 '승낙'이 맞는 말이다. 한자어 '承諾'은 '이을 승'과 '허락할 낙'으로 구성돼 있으므로 본음 그대로 '승낙'으로 발음하고 그렇게 표기하면 된다. 따라서 '승락'이라 하면 틀린 말이 된다.

그렇다면 비슷한 의미의 한자어인 '허락(許諾)'은 왜 같은 한자(諾)임에도 '낙'이 아니라 '락'으로 표기하는 것일까? 한글맞춤법은 한자어에서 본음으로도 나고 속음으로도 나는 것은 각각 그 소리에 따라 적는다고 규정하고 있다. '속음(俗音)'은 한자의 음을 읽을 때 본음과는 달리 사회적으로 굳어져 쓰이는 음을 이른다.

본음은 '허낙'이 맞지만 사람들이 발음하기 편한 '허락'을 계속 쓰면서 속음인 '허락'이 표준어가 된 것이다. 따라서 '허낙'이라 쓰면 틀린 말이 된다.

'승낙'과 '허락' 외에도 '낙'을 써야 할지 '락'을 써야 할지 헷갈리는 낱말이 몇 개 있다. '諾(허락할 낙)'은 '수락(受諾), 쾌락(快諾, 남의 부탁 등을 기꺼이 들어줌)' 등에서는 '락'으로 적어야 한다. 반면 '감낙(甘諾, 부탁이나 요구 등을 달갑게 승낙함), 감낙(感諾, 감동해 승낙함)' 등에서는 '낙'으로 적는 것이 바르다.

바르게 사용하기

승락(承諾) → 승낙	육월(六月) → 유월
허낙(許諾) → 허락	십월(十月) → 시월
수낙(受諾) → 수락	목과(木瓜) → 모과
쾌낙(快諾) → 쾌락	희노애락(喜怒哀樂) → 희로애락

제 2 장

비슷한 말 구분하기

각기 다른 의미로 쓰이는 말

우리말의 우수성 가운데 하나는 어휘가 풍부하다는 것이다. 의미가 비슷하면서도 어감이 다르거나 다소의 차이를 내포하고 있는 낱말이 적지 않다. 이들 낱말을 적절히 활용하면 다양한 어휘로 섬세한 표현이 가능하다.

예를 들면 '탓' '덕분' '때문' 같은 것이다. 모두 이유를 나타내는 낱말이지만 셋의 쓰임새가 다르다. '탓'은 좋지 않은 영향을 미칠 때, '덕분'은 좋은 영향을 미칠 때, 그리고 '때문'은 그러한 판단 없이 단순히 이유를 나타낼 때 쓰인다. 문장에서 이 세 단어를 적절하게 활용하면 정확하고도 풍요로운 표현을 할 수 있다.

하지만 어휘가 다양한 만큼 그 차이를 정확하게 알고 구사하기가 쉽지 않다. 비슷한 단어의 차이를 파악하고 문맥에 가장 알맞은 단어를 선택해야 적확한 표현이 가능하다. 이들 단어를 의미에 맞게 사용하지 못하면 그만큼 말의 품위나 글의 완성도가 떨어지게 마련이다. 비슷한 순우리말 단어 가운데 자주 쓰이면서도 가장 헷갈리는 것을 모았다.

'되' '돼'
이것만은 알아야 돼

얼른 가야 (되/돼).

대학생과 직장인을 대상으로 조사한 결과 '되/돼'가 가장 헷갈리는 맞춤법 2위를 차지했다고 한다. 띄어쓰기가 1위이므로 이것을 제외하면 사실상 1위인 셈이다.

간단하게 설명하면 '돼'는 '되어'의 준말이다. 즉 '돼=되어'다. 따라서 '되어'로 바꾸어 보아 말이 되면 '돼'로 쓰고 그렇지 않으면 '되'를 사용하면 된다. "그는 어느새 성인이 돼[되어] 있었다"가 이런 경우다.

문제는 문장이 끝날 때다. "자랑해도 되/돼" "빨리 가야 되/돼"와 같이 문장이 끝날 때 쓰이는 '되/돼'가 헷갈린다. 이

때는 '되어'로 바꾸어 보아도 구분하기 어렵다.

이처럼 문장의 맨 끝에서 홀로 쓰일 때는 '돼'가 맞다고 생각하면 된다. '되'는 동사 '되다'의 어간이기 때문에 홀로 쓰일 수 없는 까닭이다. 즉 어간 '되'는 '되니, 되어, 되면' 등처럼 뒤에 어미가 붙어야 비로소 제 구실을 할 수 있다.

따라서 "자랑해도 되"처럼 쓰일 수는 없다. 이때는 '되'에 어미 '~어'가 붙어 '되어' 형태가 되고 이것이 준 '돼'가 사용된다. 그러므로 "자랑해도 돼" "빨리 가야 돼"가 된다. "밥 먹어" "같이 읽어"처럼 '~어'가 붙지 않고 어간 '먹'이나 '읽'만으로 말이 끝날 수 없는 것과 같은 이치다. 문장의 맨 끝에서 쓰일 때는 '돼'라는 사실을 추가로 기억하면 큰 어려움이 없다.

바르게 사용하기

얼른 가야 되 ➡ 돼

자랑해도 되 ➡ 돼

그렇게 하면 안 돼죠 ➡ 되죠

일이 잘 돼면 좋겠다 ➡ 되면

어느새 봄이 됐다 ➡ 됐다

커서 의사가 돼고 싶다 ➡ 되고

웬 떡을
웬일로 가지고 왔냐?

웬/왠

(웬 떡을/왠 떡을) 웬일로 가지고 왔냐?

무엇보다 '왠/웬'이 헷갈리는 경우는 '왠지' '웬지'다. 발음이 거의 같기 때문에 구분하기가 쉽지 않다. 답은 '왠지'다. '왠지'는 '왜인지'가 줄어든 말이다. '왜 그런지 모르게' '무슨 까닭인지'라는 뜻이다. "올해는 왠지 좋은 일이 생길 것 같다"처럼 쓰인다.

'왠지'가 '왜인지'의 준말이라는 것을 기억하면 '웬지'로 쓰지 않을 수 있다. '웬'은 '어찌 된' '어떠한'을 뜻하는 관형사다. 관형사는 명사를 수식하는 말이다. 따라서 '웬' 다음에는 명사가 온다. "웬 영문인지 모르겠다" "웬 걱정이 그렇게 많아" 등과 같이 사용된다.

그럼 '왠걸'은 어떻게 될까? '웬걸'이 맞는 말이다. '웬 것을'이 줄어 '웬걸'이 됐다. '왠일'도 틀린 말이다. '어찌 된 일'이라는 뜻으로 원래 '웬 일' 형태였겠지만 '의외'라는 의미의 한 단어로 취급해 '웬일'이 됐다. "이게 웬일이냐"처럼 쓰인다. '왠지' 외에는 모두 '웬'이라고 쉽게 생각해도 된다.

바르게 사용하기

왠 떡을 웬일로 가지고 왔냐?	→ 웬 떡을
웬지 오늘은 기분이 우울하다	→ 왠지
왠 걱정이 그렇게 많아	→ 웬
왠 영문인지 모르겠다	→ 웬
이게 왠일이냐	→ 웬일
왠걸 이리 많이 사 왔냐	→ 웬걸
왠만하면 일찍 들어가라	→ 웬만하면

틀리든지 말든지
하면 안 돼요

~든지/~던지

얼마나 (웃기든지/웃기던지) 배꼽을 잡았다.

'~든지'와 '~던지'를 구분하는 데 어려움을 겪는 사람이 의외로 많다. 하지만 방법을 알면 쉽게 구분할 수 있다. '~든지'는 선택, '~던지'는 과거 회상을 나타내는 단어라는 사실만 기억하고 있으면 된다. 구체적으로 설명하면 '~든지'는 어느 것이 선택돼도 차이가 없거나, 대상 중에서 어느 것이 선택될 수 있음을 나타내는 조사(명사 뒤) 또는 연결어미(동사나 형용사의 어간 뒤)로 쓰인다.

"사과든지 배든지 아무 것이나 좋다" "어디든지 사람이 사는 곳은 마찬가지다"에서의 '~든지'는 선택을 나타내는 조사로, "가든지 말든지 빨리 결정해라" "노래를 부르든지 춤을 추든지 네 마음대로 해라"에서의 '~든지'는 선택을 나타내는 연결어미로 쓰인 것이다.

'~던지'는 지나간 일(과거)을 회상하거나 추측·의심·가정하는 뜻을 가진 단어다. 주로 연결어미로 쓰이나 조사로 쓰일 때도 있다.

"얼마나 춥던지 손이 펴지지 않았다" "얼마나 술을 먹었던지 아무 기억도 안 난다" "거기에 무엇이 있었던지 잘 모르겠다"에서는 '~던지'가 과거를 회상하거나 추측하는 연결어미로 사용됐다. "얼마나 똑똑한 아이던지 말하는 게 신통하더라"에서는 '~던지'가 조사로 쓰인 것이다.

조사든 연결어미든 사용하는 데 신경 쓸 것은 없다. 그냥 '~든지'는 선택, '~던지'는 과거라고 기억하면 된다. '많든지' '많던지'의 경우를 보면 "일이 많든지 적든지 열심히 하겠다"(선택), "어찌나 일이 많던지 죽을 뻔했다"(과거)로 쉽게 구분이 된다. '많던지 적던지' 형태는 나올 수 없다.

비슷한 단어로 '~든가'와 '~던가'가 있다. '~든가'는 '~든지'와 마찬가지로 선택, '~던가'는 '~던지'와 마찬가지로 과거라고 생각하면 된다. "가든가 말든가 마음대로 해라"는 "가든지 말든지 마음대로 해라"와 같은 뜻이다. "그게 정말이던가?" "내가 그런 말을 했던가 싶어 당황했지"에서의 '~던가'는 과거 사실에 대한 물음이나 추측을 나타내는 종결어미다. 따라서 '~든가'와 '~던가' 역시 선택이냐 과거냐로 따지면 된다.

이들의 준말로 '~든'과 '~던'도 쓰인다. "사과든 배든 아무 것이나 좋다" "가든 말든 마음대로 해라"(선택)에서의 '~든'은 '~든지'의 준말이다. "선생님께서 기뻐하시던?" "그래, 일은 할 만하던?"에서의 '~던'('~더냐'보다 친근한 말)은 '~던가'의 준말이다. "내가 살던 고향은 시골이다"에서는 준말은 아니지만 마찬가지로 과거를 회상하는 뜻으로 쓰이고 있다.

결론적으로 '~든' '~든지' '~든가' 등 '든'이 들어간 것은 선택, '~던' '~던지' '~던가' 등 '던'이 들어간 것은 과거라는 사실만 기억하면 이들을 구분해 사용하는 데 별 문제가 없다.

바르게 사용하기

얼마나 웃기든지 배꼽을 잡았다 ➡ 웃기던지

사과던지 배던지 아무 것이나 좋다 ➡ 사과든지 배든지

어디던지 사람이 사는 곳은 마찬가지다 ➡ 어디든지

얼마나 춥든지 손이 펴지지 않았다 ➡ 춥던지

얼마나 술을 먹었든지 아무 기억도 안 난다 ➡ 먹었던지

선생님께서 기뻐하시든? ➡ 기뻐하시던?

'안'과 '않'도
구분 못 하면 안 돼요

안/않

말을 (안/않) 하고 떠났다.

'안'은 '아니'의 준말이고, '않'은 '아니하'의 준말이라는 사실을 알면 '안'과 '않'을 구분하는 데 도움이 된다.

"아니[안] 벌고 아니[안] 쓴다"에서 보듯 부사 '아니'가 줄어 '안'이 된 것이며, 띄어쓰기를 해 '안 벌다' '안 쓴다' '안 춥다' '안 먹는다' 등으로 표기해야 한다.

그러나 '아니'가 '하다'와 결합하는 경우에는 부정인 '아니[안] 하다'(두 단어)와 별개로 '아니하다'가 있다. 한 단어인 '아니하다'는 줄면 '안하다'가 아니라 '않다'가 된다는 점에 유의해야 한다. '아니하'가 줄어 '않'이 되기 때문이다. 따

48

라서 '아니 하다'가 준 '안 하다'와 '아니하다'가 줄어든 '않다'는 있지만 '안하다'는 없다.

'아니하다[않다]'는 보조용언(단독으론 쓰이지 못함)으로 "일이 생각만큼 쉽지 않다" "별로 기쁘지 않다" 등과 같이 '~지 않다' 형태로 사용되기도 하고, "말을 않고 떠났다" "세수를 않고 밥을 먹는다"에서처럼 타동사로 쓰이기도 한다.

같은 뜻의 문장에서 '안 하다' '~지 않다' '~를 않다'의 쓰임새를 보면 "우리 애는 공부를 안 한다" "우리 애는 공부를 하지 않는다" "우리 애는 공부를 않는다"의 세 가지 표현이 가능하다. 일상 대화에서는 '~지 않는다'보다 간략한 '안 한다' 형태를 많이 쓴다. 즉 "나 술 좋아하지 않아"보다 "나 술 안 좋아해"를 흔히 쓴다.

바르게 사용하기

말을 않 하고 떠났다 → 안 하고

철수가 밥을 않 먹는다 → 안 먹는다

별로 기쁘지 안다 → 기쁘지 않다

일이 생각만큼 쉽지 안았다 → 쉽지 않았다

세수를 하지 안고 밥을 먹는다 → 하지 않고

오늘로서 이것으로써
너를 끝낸다

~로서/~로써

(선배로서/선배로써) 어떻게 그런 일을 할 수 있단 말인가.

자주 쓰면서도 헷갈리는 것이 '~로서' '~로써'다. '~로서'는 지위나 신분 또는 자격을 나타내는 격조사(자격을 나타내는 조사)이며, '~로써'는 어떤 일의 수단이나 도구 또는 재료나 원료를 나타내는 격조사다.

"그것은 교사로서 할 일이 아니다" "그는 친구로서는 좋으나 남편감으로서는 부족한 점이 많다" "나로서는 최선을 다한 일이었다" 등과 같이 '~로서'는 신분이나 자격을 나타낼 때 쓰인다.

"말로써 천냥 빚을 갚는다" "대화로써 갈등을 풀 수 있을까" 등과 같이 수단이나 도구, "콩으로써 메주를 쑨다" "쌀로써 떡을 만든다" 등처럼 재료나 원료를 나타낼 때는 '~로써'가 사용된다.

이렇게 구체적으로 설명하면 복잡해 보이나 결과적으로 '~로서'는 인격체에, '~로써'는 사물이나 도구에 붙는 말이라고 단순화할 수 있다. '~로써'는 또 대부분 '~을 가지고'라는 뜻으로 해석이 가능하다.

바르게 사용하기

선배로써 어떻게 그럴 수 있나 ➡ 선배로서

그것은 교사로써 할 일이 아니다 ➡ 교사로서

나로써는 최선을 다했다 ➡ 나로서는

말로서 천냥 빚을 갚는다 ➡ 말로써

대화로서 갈등을 풀 수 있을까 ➡ 대화로써

'출산률' '출산율'
어느 것을 높여야 하나?

~률/~율

(출산률/출산율)이 점점 낮아지고 있다.

'출산률' '출산율'처럼 비율을 나타내는 말이 나올 때 '율/률'
어느 것을 써야 하는지 헷갈린다. 직장인들을 대상으로 한
조사에서도 가장 어려워하는 것 가운데 하나로 나타났다.
'율/률(率)'은 '비율'의 뜻을 더하는 접미사로, 앞말에 따라
'율'과 '률'로 달리 쓰인다.

첫째, 앞말에 받침이 없는 경우엔 '율'로 쓴다. '이자율/이
자률'의 경우 앞말이 '이자'의 'ㅏ'(모음)로 끝나므로 '이자율'
이 맞는 표현이다.

둘째, 앞말이 'ㄴ' 받침으로 끝날 때도 '율'로 쓴다. '환율,

출산율, 생존율, 생산율' 등이 이에 해당한다.

　마지막으로, 앞말의 받침이 'ㄴ'을 제외한 자음으로 끝나면 '률'을 사용한다. '물가상승률, 수익률'은 각각 앞말의 받침이 'ㅇ''ㄱ'(자음)으로 끝났으므로 '률'을 붙여야 한다. 이는 '率' 뿐만 아니라 '律(법 율/률)' '列(벌일 열/렬)' '裂(찢을 열/렬)' '烈(세찰 열/렬)' '劣(못할 열/렬)'의 경우에도 마찬가지다.

　정리하면 '율/률' '열/렬'은 앞말이 'ㄴ'을 제외한 받침으로 끝날 때만 '률'과 '렬'로 쓴다고 생각하면 쉽다. 다만 사람 이름의 경우는 예외로 한다. 이름은 고유성을 존중하는 측면에서 본인이 어떻게 쓰느냐에 따라 표기하면 된다.

바르게 사용하기

출산률 → 출산율	비률 → 비율
환률 → 환율	이자률 → 이자율
생존률 → 생존율	수익율 → 수익률
물가상승율 → 물가상승률	

'꽃에게' 물을 주나, '꽃에' 물을 주나?

> ~에/~에게

사흘마다 (꽃에게/꽃에) 물을 줘라.

어떤 행동이 미치거나 행동을 일으키는 대상을 나타내는 부사격 조사 '~에'와 '~에게'를 사용하는 데 혼란을 느끼는 사람이 많다. 대부분 특별한 구분 없이 '~에게'를 쓰는 경향이 있다.

사람이나 동물을 나타내는 단어에만 '~에게'를 쓰고, 그 외에는 '~에'를 쓰면 된다.

"부모님에게 꾸중을 들었다" "친구들에게 합격 사실을 알렸다" 등 사람인 경우와 "재수없이 개에게 물렸다" "돼지에게 먹이를 줘라" 등 동물인 경우 '~에게'를 쓴다.

"감사원은 관계부처에 시정을 지시했다" "북한은 미국

에 양자회담을 요구했다" "사흘마다 꽃에 물을 줘야 한다"
등 사람이나 동물이 아닌 경우에는 '~에'를 쓴다.

비슷한 낱말로 '~한테'와 '~더러'가 있다. 둘 다 '~에게'와
마찬가지로 사람과 동물의 경우에만 쓰고, 다른 것에는 쓰
지 않는다. 차이점은 '~에게'보다 더 구어(문장에서보다 일상
대화에서 많이 쓰는 말)적이라는 데 있다.

"선생님한테 칭찬을 들어 기분이 좋았다" "이것은 너한
테 주는 선물이다" "그 여자가 너더러 누구냐고 묻더라" "나
더러 이런 일을 시키느냐"처럼 쓰인다.

바르게 사용하기

사흘마다 꽃에게 물을 줘라 → 꽃에

부모님에 꾸중을 들었다 → 부모님에게(서)

친구들에 합격 사실을 알렸다 → 친구들에게

재수없이 개에 물렸다 → 개에게

돼지에 먹이를 줘라 → 돼지에게

관계부처에게 시정을 지시했다 → 관계부처에

'가르치다' '가리키다'
제대로 가르쳐 줄게

선생님은 진실한 사람이 돼야 한다고 (가르치셨다/가리키셨다)

많이 쓰면서도 늘 헷갈리는 말이 '가르치다/가리키다'이다. 각각의 의미를 모르지 않으면서도 막상 사용할 때는 혼동하기 일쑤다. 우선 '가르치다'는 지식이나 기능, 이치 등을 깨닫게 하거나 익히게 한다는 뜻으로 쓰인다. "그는 그녀에게 운전을 가르쳤다" "저는 지금 초등학교 아이들을 가르치고 있습니다" 등처럼 사용된다.

'가르치다'는 그릇된 버릇 등을 고쳐 바로잡는다는 뜻으로도 사용된다. "아이의 버릇을 제대로 가르쳐야 한다" 등과 같은 경우다. '가르치다'는 상대편이 아직 모르는 일을 알도록 일러 준다는 뜻으로도 사용된다. "너에게만 비밀을 가르쳐 줄게"가 이렇게 쓰인 경우다. 사람의 도리나 바른 길을 일깨우다는 뜻으로도 사용된다. "선생님께서는 우리에게 정직하게 살라고 가르치셨다" 등과 같은 예다.

이에 비해 '가리키다'는 손가락 등으로 어떤 방향이나 대상을 집어서 보이거나 말하거나 알릴 때 쓰인다. "그는 손가락으로 북쪽을 가리켰다" "시곗바늘이 오후 5시를 가리키고 있었다"가 이런 경우다. 어떤 대상을 특별히 집어서 두드러지게 나타낼 때도 쓰인다. "모두들 그 아이를 가리켜 신동이라고 했다" 등과 같이 사용된다. '가르치다'는 무엇을 익히게 하는 것, '가리키다'는 어떤 방향을 집어서 알려주는 것이라 단순화해 생각하면 된다.

바르게 사용하기

진실한 사람이 돼야 한다고 가리키셨다 → 가르치셨다

그는 그녀에게 운전을 가리켰다 → 가르쳤다

그들은 청소년들에게 신학문을 가리켜 주었다 → 가르쳐

그는 손가락으로 북쪽을 가르쳤다 → 가리켰다

시곗바늘이 오후 5시를 가르치고 있었다 → 가리키고

'결재' '결제'
밀린 것이 왜 이리 많나?

결재/결제

그동안 밀린 대금을 모두 (결제/결재)했다.

연말이 되면 마무리해야 할 일이 많다. 직장에선 한 해를 정리하는 이런저런 서류를 마무리해야 하고, 거래처와의 대금을 정산하고 회계 처리도 완료해야 한다. 개인들도 정산해야 할 일이 적지 않다. 이런 경우 '결제' 또는 '결재'라는 용어를 사용하는데 앞의 문제처럼 어느 것을 써야 하는지 헷갈린다.

　우선 '결제'부터 보자. 결제(決濟)는 증권 또는 대금을 주고받아 매매 당사자 사이의 거래 관계를 끝맺는 일을 가리킨다. "자금을 결제했다" "어음을 결제했다" "카드 대금을 결제했다" "모바일 결제가 늘고 있다" 등처럼 쓰인다.

이에 비해 결재(決裁)는 결정할 권한이 있는 상관이 부하가 제출한 안건을 검토해 허가하거나 승인하는 것을 뜻한다. 즉 아랫사람이 올린 서류에 윗사람이 허가한다는 의미의 도장을 찍거나 사인하는 것을 일컫는다. "결재를 올렸다" "결재를 받았다" "결재가 났다" 등처럼 사용된다. '결재'는 '재가(裁可)'라는 말로 바꿔 쓸 수 있다.

'ㅔ'와 'ㅐ' 발음이 잘 구분되지 않다 보니 '결제'와 '결재'를 구별해 쓰는 데 더욱 어려움을 느끼는 듯하다. 돈이나 자금과 관련된 것을 끝맺는 것은 '결제', 서류에 도장을 찍거나 서명하는 것은 '결재'라 생각하면 쉽다. 더욱 단순화하면 돈은 '결제', 서류는 '결재'라 기억하면 된다.

바르게 사용하기
대금을 모두 결재했다 → 결제했다
어음을 결재했다 → 결제했다
결제를 올렸다 → 결재를
결제를 받았다 → 결재를
드디어 결제가 났다 → 결재가

'부문' '부분'
정말 어려운 부분이다

부문/부분

여러 (부분/부문)에서 상을 받았다.

연말이면 TV에서 각종 시상식을 한다. 가요대전·가요대제전 등 음악 관련 시상식이 있고, 연예대상·연기대상 등 연기 관련 시상식이 있다. 이처럼 시상식에서 '신인상' '주연상' 등과 같이 어떤 시상 분야를 얘기할 때 '부문'이라 발음하는 사회자가 적지 않다. 맞는 말일까?

'부분'은 전체를 이루는 작은 범위 또는 전체를 몇 개로 나눈 것의 하나를 뜻한다. 사과를 세 쪽으로 자르면 나누어진 세 개가 각각 부분이 된다. 사과의 썩은 면적이 있다면 그것은 썩은 부분이다. "썩은 부분을 잘라내고 깎아라" "일정

부분 책임이 있다" 등처럼 사용된다. '부분'의 의미나 용법을 모르는 사람은 별로 없다. 문제는 '부문'이다.

'부문'은 일정한 기준에 따라 나눠 놓은 갈래를 뜻한다. 사회과학 부문, 자연과학 부문 등처럼 정해진 기준에 의해 인간이 분류해 놓은 것이다. 문화·예술·학술 등에서 분야를 나누어 놓은 것은 '부문'이라 불러야 한다. 정부 부문, 공공 부문, 민간 부문 등 일정한 기준에 의해 구분한 분야에는 모두 '부문'이 붙는다.

시상식에서 상을 주는 분야도 모두 '부문'이다. '부분'은 나올 일이 없다. 만약 시상식에서 '신인상 부분'처럼 '부분'이 란 말이 나온다면 체면이 깎이는 것을 피할 수 없다.

바르게 사용하기

여러 부분에서 상을 받았다 → 부문에서

민간 부분의 기여가 컸다 → 부문의

신인상 부분에서 수상을 했다 → 부문에서

학술 부분의 수상자가 결정됐다 → 부문의

중화학 부분이 산업을 이끌었다 → 부문이

'~데'와 '~대'
그 정말 어렵데

> ~데/~대

> "그 사람 곧 (결혼한대/결혼한데)."

우리말과 관련해 가장 많이 받는 질문 가운데 하나가 '~데'와 '대' 구분이다. 가령 "그 사람 곧 결혼한데/결혼한대"라고 할 때 어느 것이 맞는지 헷갈린다는 것이다.

구분은 간단하다. 직접 들은 것이냐, 다른 사람에게서 들은 것이냐로 따지면 된다. '~데'는 자신이 직접 보거나 들은 사실을 남에게 전달하는 것이다. "~결혼한데"라고 하면 이 사실을 직접 보거나 듣고 전달하는 것이다. '~데'는 '~더라'와 같은 의미다. 따라서 "~결혼한데"는 "~결혼한다더라"로 바꾸어도 의미가 잘 통한다.

‘~대’는 남이 말한 내용을 간접적으로 전할 때 쓰인다. 즉 “~결혼한대”라고 하면 다른 사람에게서 들은 얘기를 전달하는 것이다. ‘~대’는 ‘~다고 해’가 줄어든 말이다. “~결혼한대”는 “~결혼한다고 해”로 바꾸어도 말이 잘 된다.

그러니까 직접 보거나 들은 것이면 ‘~데’, 다른 사람에게서 들은 것이면 ‘~대’라고 적으면 된다. “그 여자 참 예쁜데”라고 하면 직접 본 것이고, “그 여자 참 예쁘대”라고 하면 보지는 못하고 남에게서 들은 것이다. 각각 “그 여자 참 예쁘더라” “그 여자 참 예쁘다고 해”와 같은 말이다.

다만 “왜 이렇게 덥대?”처럼 어떤 사실에 의문을 나타내거나 놀랄 때, 못마땅하게 느낄 때도 ‘~대’가 사용된다.

바르게 사용하기

"그 사람 곧 결혼한데"

→ 직접 보고 들은 사실(=~결혼한다더라)

"그 사람 곧 결혼한대"

→ 다른 사람에게서 들은 얘기(=~결혼한다고 해)

"그 여자 참 예쁜데" → 직접 본 것

"그 여자 참 예쁘대" → 다른 사람으로부터 전해들은 것

'금새'가 얼마인지
'금세' 보고 올게

> 금새/금세

> (금새/금세) 사랑이 식어버렸다.

'금사빠'와 '금사식'이라는 신조어가 있다. '금사빠'는 금세 사랑에 빠지는 사람이다. '금사식'은 금세 사랑이 식어 버리는 사람이라고 한다. 금방 사랑에 빠지는 사람은 금방 상대에 대해 싫증을 내기도 하므로 '금사빠'와 '금사식'은 한몸인 셈이다.

    '금사빠'와 '금사식'의 '금'은 '금세' 또는 '금방'의 줄임말이라 볼 수 있다. '금세'는 적을 때 가장 헷갈리는 말 가운데하나다. 막상 적으려면 '금세' '금새' 어느 것으로 해야 할지망설여진다. '에'와 '애'가 발음으로는 잘 구분되지 않는다.

이럴 때는 무엇의 준말인지 따져보면 된다. '금세'는 '금시(今時)에'가 줄어든 말이다. '시에'는 줄어 '세'가 되기 때문이다.

그렇다면 '요새'는 어떻게 될까? 혹 '요세'로 적어야 하는 것은 아닐까? 이 역시 무엇의 준말인지를 생각해 보면 쉽게 답을 찾을 수 있다. '요사이'의 준말이므로 '요새'가 된다. '사이'는 줄어 '새'가 되기 때문이다. '아이'가 줄어 '애'가 되는 것과 마찬가지다.

'그새' '밤새' 역시 '그사이'와 '밤사이'의 준말이므로 모두 '새'로 적는 것이 맞다. 다만 지금 바로가 아니라 물건 값 또는 물건 값의 비싸고 싼 정도를 나타낼 때는 '금새'도 성립한다.

바르게 사용하기

금새 사랑이 식어버렸다 → 금세

요세 부쩍 잠이 오질 않는다 → 요새

그세 일이 끝나버렸다 → 그새

밤세 눈이 내렸다 → 밤새

어느세 졸업반이 됐네 → 어느새

'껍질'과 '껍데기' 어느 것이 더 부드러울까?

껍질/껍데기

과일의 (껍데기/껍질)를(을) 까서 먹어라.

조개껍질 묶어 그녀의 목에 걸고

물가에 마주 앉아 밤새 속삭이네….

윤형주의 노래 <라라라>의 가사 일부다. 좋은 노래임에도 '껍질'과 '껍데기'를 구분하는 데 적잖은 혼란을 가져온 곡이다. '껍질'과 '껍데기'는 사전적으로 구분된다. '껍질'은 양파·사과 등의 겉을 싸고 있는 부드러운 층(켜)을 가리킨다. '껍데기'는 달걀·조개 등의 겉을 싸고 있는 단단한 물질을 뜻한다. 즉 부드러운 것은 '껍질', 단단한 것은 '껍데기'다.

그렇다면 '조개껍질'은 이 풀이와 맞지 않는다. '조개껍데기'가 돼야 한다. 그러나 국립국어원은 '조개껍질'이 이미 굳어진 말이라 하여 표준국어대사전에 표제어로 올렸다. 그리고 그 풀이는 '조개껍질=조개껍데기'라고 해서 둘 다 써도 되는 것으로 해놓았다. 예외적인 경우다.

혼란스러운 것은 또 있다. '돼지껍데기' 안주에 '조껍데기' 술을 마신다면 한꺼번에 이런 경우가 된다. '돼지껍데기'는 쫀득쫀득하지만 딱딱하지는 않으므로 '돼지껍질'이 맞는 말이다. '조껍데기' 역시 알맹이를 싸고 있는 겉부분이 그리 딱딱하지 않으므로 '조껍질'이 바른 말이다. 이들도 익숙한 말이지만 다행히 아직까지 사전에 표제어로 올라 있지는 않다. 그러니까 '조개껍질'은 표준어이지만 '돼지껍데기'나 '조껍데기'는 표준어가 아니다.

바르게 사용하기

과일의 껍데기를 까서 먹어라 → 껍질을

달걀 껍질을 깨뜨렸다 → 껍데기를

굴 껍질을 까고 있었다 → 껍데기를

빨리 낳으세요!
뭘?

> 낫다/낳다

"얼른 (낳으시길/나으시길) 바랄게요."

아픈 사람에게 문자 메시지를 보낼 때는 "빨리 나으세요"라고 해야 하지만 "빨리 낳으세요"라고 잘못 적는 경우가 의외로 많다. '낳으세요'라면 아기를 낳으라는 얘기다. 아픈 사람에게 빨리 출산하라는 말이니 상대방의 입장에서는 황당할 수밖에 없다. '낳으세요'는 '낳다'의 어간 '낳'에 공손한 요청을 나타내는 '~으세요'가 붙은 형태다.

병이나 상처가 원래대로 회복되는 것은 '낳다'가 아니라 '낫다'다. '낫다'의 어간 '낫'에 '~으세요'라는 어미가 붙을 때는 'ㅅ'이 탈락해 '나으세요'가 된다. 따라서 빨리 회복되기를 바란다면 '빨리 나으세요'라고 해야 한다. 간혹 '낫으세요'라고 쓰는 사람도 있는데 이 역시 잘못된 말이다.

물론 '나으세요'를 '낳으세요'로 쓰는 건 단순 실수일 수도 있다. 그러나 이런 실수를 하는 정도라면 다른 것에서도 실수가 나올 가능성이 크다. 문자 메시지를 보낼 때 다시 한 번 읽어보고 보내는 버릇을 들이면 도움이 된다.

바르게 사용하기

얼른 낳으시길 바랄게요 → 나으시길

오빠 빨리 낳으세요 → 나으세요

얼른 낫으시길 빌게요 → 나으시길

한국이 나은 선수다 → 낳은

병이 씻은 듯이 낳았다 → 나았다

감기가 낳은 것 같더니 다시 심해졌다 → 나은

산 넘어 가니
고개 너머에 마을이 있다

너머/넘어

산 (넘어/너머) 조붓한 오솔길.

산 (　　) 조붓한 오솔길에

봄이 찾아온다네

들 (　　) 뽀얀 논밭에도 온다네….

봄이 오는 때에 어울리는 곡으로, 박인희의 노래 〈봄이 오는 길〉의 시작 부분이다. 이 곡에서처럼 '넘어'와 '너머'는 많이 쓰이면서도 막상 적으려면 헷갈리는 단어다.

'너머'는 경계나 높이를 나타내는 명사 다음에 쓰여 가로 막은 사물의 저쪽을 뜻한다. '산 너머 남촌' '고개 너머 작은

70

마을' 등처럼 쓰인다. 위치를 나타내는 명사이므로 '너머' 뒤에 '~에' 또는 '~에 있는'을 붙여도 말이 잘 통한다. 즉 '산 너머에 있는 남촌' '고개 너머에 있는 작은 마을'이라고 해도 된다.

노래의 괄호 부분도 각각 위치를 나타내므로 둘 다 '너머'가 적절하다. 즉 '산 너머 조붓한 오솔길' '들 너머 뽀얀 논밭'이 된다. 이 역시 '산 너머에 있는 조붓한 오솔길' '들 너머에 있는 뽀얀 논밭'으로 바꾸어도 말이 잘 된다.

'넘어'는 동사인 '넘다'에서 온 부사어다. 지나거나 건너는 등의 동작을 나타낸다. "고개를 넘고 넘어 마을에 도착했다"처럼 쓰인다. '넘어'에서 '~어'는 시간상 선후 관계나 방법 등을 나타내는 연결어미로 '~어서'와 같은 의미다. 따라서 "고개를 넘고 넘어서 마을에 도착했다"처럼 '넘어' 대신 '넘어서'를 넣어도 말이 잘 된다.

바르게 사용하기

산 넘어 조붓한 오솔길 → 너머

들 넘어 뽀얀 논밭 → 너머

고개를 넘고 너머 마을에 도착했다 → 넘어

국경을 너머 온 피난민들로 가득했다 → 넘어

바짓단을 늘여야 하나,
늘려야 하나?

늘이다/늘리다

바짓단을 (늘렸다/늘였다).

바지의 길이를 줄이는 것처럼 옷의 단을 내거나 넣어 길이를 조절하는 경우 '늘이다'와 '늘리다' 중 어느 것을 써야 할까.

'늘이다'는 본디보다 더 길어지게 한다는 뜻으로 쓰인다. "고무줄을 늘였다" "엿가락을 늘였다" "바짓단을 늘여 주세요" 등이 이렇게 사용된 경우다. '늘이다'는 선 등을 연장해 그을 때도 쓰인다. "선분 ㄱㄴ을 늘여 보자"가 이런 예다.

'늘리다'는 물체의 넓이·부피 등을 본디보다 커지게 한다는 뜻으로 쓰인다. "주차장 규모를 늘렸다" "넓은 평수로 늘려 이사했다" 등이 이런 예다. 수나 분량 등을 본디보다 많아

72

지게 하거나 무게를 더 나가게 할 때도 사용된다. "학생 수를 늘렸다" "체중을 30kg이나 줄였다" 등이 이렇게 쓰인 경우다. 힘이나 기운, 세력, 재주나 능력, 살림 등을 이전보다 큰 상태로 만든다는 의미로도 쓰인다. "적군은 세력을 늘린 후 다시 침범했다" "실력을 늘려서 다시 도전했다" "금세 재산을 늘려 부자가 됐다"가 이런 예다.

고무줄·엿가락·바짓단처럼 길이를 더욱 길게 할 때는 '늘이다'가, 그 외 수·세력·능력·시간 등이 더 크거나 많아지게 할 때는 '늘리다'가 쓰인다고 생각하면 된다.

바르게 사용하기

바짓단을 늘렸다 → 늘였다

고무줄을 늘렸다 → 늘였다

엿가락을 늘렸다 → 늘였다

학생 수를 늘였다 → 늘렸다

실력을 늘였다 → 늘렸다

살림을 늘였다 → 늘렸다

'다르다'고
틀린 것이 아니다

다르다/틀리다

너와 나는 (틀리다/다르다).

우리 사회는 남녀·세대·계층 간의 대립과 갈등이 점점 심각해지고 있다. 이와 더불어 장애인·이주민 등 사회적 약자나 소수자에 대한 차별 문제도 끊임없이 제기되고 있다.

이러한 대립과 차별은 자신과 다른 것을 너그러이 받아들이지 못하는 문화에서 기인한다고 보는 견해가 많다. 우리의 언어문화를 보면 "너와 나는 다르다"보다 "너와 나는 틀리다"는 식의 표현에 익숙해 있다. 이처럼 '다르다'와 '틀리다'를 동일시하는 것은 건전한 토론과 상호 공존에 길들여져 있지 않다는 점을 보여준다.

'다르다'와 '틀리다'는 분명하게 구분된다. 영어로 치면 '다르다'는 'different', '틀리다'는 'wrong'에 가깝다. '다르다'는 단순한 차이를 뜻하지만 '틀리다'는 잘못된 것이므로 바로잡거나 억눌러야 한다는 의미를 담고 있다. '다르다'와 '틀리다'를 제대로 구분하지 못하는 것은 '다른 것=틀린 것'이라는 흑백논리가 우리의 무의식을 지배하고 있기 때문이라고 학자들은 지적한다.

사회문화가 언어 사용에 영향을 주고, 언어문화는 우리의 사고를 제약한다. 다양성을 추구하는 열린 사회로 가기 위해서는 '다르다'와 '틀리다'를 동일시하는 언어 습관부터 고쳐야 한다.

바르게 사용하기

너와 나는 틀리다 → 다르다	
아들이 아버지와 얼굴이 틀리다 → 다르다	
군자와 소인은 틀리다 → 다르다	
쌍둥이도 성격이 틀리다 → 다르다	

식욕이 당길까?
땡길까?

당기다/땡기다

왜 이리 식욕이 (땡길까/당길까)?

무언가 먹고 싶은 것이 생길 때 "식욕이 땡긴다"고 말하기 일 쑤다. 맞는 말일까? 사전을 찾아보면 '땡기다'는 단어는 아예 나오지도 않는다. 그렇다면 혹 '땅긴다'가 아닐까? '땅기다' 는 몹시 단단하고 팽팽하게 된다는 뜻으로 식욕과는 어울리 지 않는다. "얼굴이 땅긴다" "상처가 땅긴다" 등처럼 사용된 다. 따라서 '땡긴다' '땅긴다' 모두 맞지 않는다.

그럼 "식욕이 댕긴다"고 하면 될까? '댕기다'는 불이 옮아 붙거나 옮아 붙게 하다는 뜻을 가지고 있다. "그의 마음에 불 을 댕겼다" "마른 나무가 불이 잘 댕긴다"처럼 쓰인다. 따라서

'댕긴다' 역시 '식욕'과는 어울리지 않는다.

정답은 '당기다'이다. 입맛이 돋우어지다는 의미를 지니고 있다. "가을이 되니 왠지 식욕이 당긴다" "입맛이 당기는 계절이다"처럼 사용된다.

'당기다'에는 좋아하는 마음이 일어나 저절로 끌리다는 뜻도 있다. "마음이 당긴다" "호기심이 당겼다"처럼 쓰인다. '당기다'는 물건 등에 힘을 주어 자기 쪽이나 일정한 방향으로 가까이 오게 하다는 뜻도 가지고 있다. "그물을 당겨라" "방아쇠를 당겼다"와 같이 사용된다. '당기다'에는 정한 시간·기일 등을 앞으로 옮기거나 줄이다는 의미도 있다. "퇴근 시간을 당겼다" "공사 기간을 당겨 예상보다 일찍 끝냈다"처럼 쓰인다.

바르게 사용하기

식욕이 땡긴다 → 당긴다

그물을 땡겨라 → 당겨라

방아쇠를 땡겼다 → 당겼다

퇴근시간을 땡겼다 → 당겼다

내 덕분이니
남 탓 하지 마라

탓/덕분/때문

선배님 (탓/덕분)에 잘 해낼 수 있었습니다.

남을 탓하는 것과 관련한 우리 속담이 많다. '잘되면 제 탓 못되면 조상 탓' '내 탓 네 탓 수염 탓' '못살면 터 탓' '소경이 넘어지면 막대 탓' 등이 있다. 남을 탓하는 것을 경계하라는 조상의 지혜가 담겨 있다고 볼 수 있다.

'탓'은 주로 부정적인 현상이 생겨난 까닭이나 원인을 나타낼 때 쓰인다. 반면 좋은 일에는 '덕분(德分)'이 사용된다. "선배님 덕분에 맡은 일을 해낼 수 있었습니다" "걱정해 주신 덕분에 잘 지냈습니다" 등과 같이 사용된다.

그렇다면 '잘되면 제 탓 못되면 조상 탓'에서 '잘되면 제 탓'은 부정적 의미와 어울리는 '탓'의 용법상 맞지 않는다. 좋은 일은 '덕분(덕)'과 어울려야 하므로 "잘되면 제 덕분(덕) 못되면 조상 탓이 돼야 한다. 둘 다 '탓'으로 처리한 것은 아마도 대구법(對句法) 또는 반복법으로 리듬감을 살리기 위함이거나 '탓'을 강조하다 보니 그렇게 된 것으로 보인다.

비슷한 말로 '때문'이 있다. '때문'은 긍정이나 부정적 현상을 가리지 않고 쓰인다는 점에서 '탓' '덕분'과 구별된다. 따라서 "잘되면 제 덕분 못되면 조상 탓"은 "잘되면 저 때문 못되면 조상 때문'으로 바꿔 써도 의미상 크게 차이가 나지는 않는다.

바르게 사용하기

선배님 탓에 잘 해낼 수 있었습니다 ➡ 덕분에

'잘되면 제 탓 못되면 조상 탓 ➡ 제 덕분

기름값이 오른 탓에 매출이 늘었다 ➡ 오른 덕분에

기름값이 오른 덕분에 물가가 올랐다 ➡ 오른 탓에

미소를 띠어야 하나,
띄어야 하나?

띠다/띄다

미소를 (띄운/띈/띤) 얼굴로 손님을 맞자.

문제에서처럼 '띄운' '띈' '띤' 셋 가운데 어느 것이 맞는지 늘 헷갈린다. 정답부터 얘기하면 '미소를 띤 얼굴'이라고 적는 게 맞다. '띠다'는 감정이나 기운 등을 나타낸다는 의미를 가지고 있다. 그래서 "열기를 띤 토론" "노기 띤 음성"처럼 쓸 수 있다. 또한 어떤 빛깔이나 색채 등을 가지고 있다는 뜻도 있어 "초봄에 버드나무 가지는 연두색을 띤다"처럼 사용된다.

'띄우다'는 '뜨다'의 사동사로 뜨게 한다는 의미를 지니고 있다. "연을 띄웠다" "배를 띄웠다" "메주를 띄워 된장을 만든다"와 같이 쓰인다. '뜨다'에는 시간·공간적으로 사이가 멀다는 의미도 있으므로 '글자 사이를 띄워 써라' "사과나무는 간격을 띄워 심어야 한다"처럼 쓸 수도 있다.

'띄다'는 '뜨이다'의 준말이다. "책의 내용은 좋으나 오자가 가끔씩 눈에 띈다" "그의 표정이 눈에 띄게 밝아졌다"처럼 쓸 수 있다. 또한 시간·공간적으로 사이가 멀게 한다는 의미로 쓰이는 '띄우다'의 준말이기도 하다. "단어는 띄어서 쓰는 게 원칙이다"와 같이 사용된다.

바르게 사용하기

미소를 띈 얼굴로 손님을 맞자 → 띤

열기를 띈 토론 → 띤

버드나무 가지가 연두색을 띈다 → 띤다

배를 띠웠다 → 띄웠다

글자 사이를 띠어 써라 → 띄워(띄어)

사과나무는 간격을 띠어 심어야 한다 → 띄워(띄어)

그의 표정이 눈에 띠게 밝아졌다 → 띄게

로또복권을
맞힐까, 맞출까?

> 맞추다/맞히다

> 이번에는 무려 네 개나 (맞췄다/맞혔다).

'인생 역전'을 표어로 내건 로또 복권. 도박이냐 오락이냐 하는 논란이 일기도 한다. 사행심을 부추긴다거나 근로 의욕을 꺾는다는 비판이 있지만 '일주일간의 꿈' 같은 생활을 즐길 수 있다면 그것도 괜찮겠다는 의견도 있다.

복권 번호에 있는 숫자와 당첨 번호의 숫자가 일치하도록 하는 것을 일컬을 때 '맞추다'고 해야 할까, '맞히다'고 해야 할까. 즉 "이번에는 무려 네 개나 맞췄다/맞혔다" 어느 것이 맞는 표현일까. 퀴즈나 수수께끼의 정답을 알아낼 경우엔 '맞히다'를 쓴다. 따라서 복권도 "이번에는 무려 네 개나 맞혔다"와 같이 '맞히다'고 해야 한다. "열 문제 중에서 겨우 세 개만 맞혀 자존심이 무척 상했다" 등처럼 사용된다.

'맞추다'는 어떤 것을 다른 것과 나란히 놓고 대조해 보는 경우에 쓰인다. "카메라의 초점을 잘 맞춰야 사진이 선명하게 나온다" "원고를 심사 기준에 맞추어 작성했다" "다른 사람들과 일정을 맞추어 봐라" 등이 이런 예다.

화살이나 돌멩이로 겨냥한 곳을 바로 맞게 하는 경우에는 '맞히다'를 쓰므로 주의해야 한다. "화살을 적장의 어깨에 맞혔다" 처럼 사용된다. 그렇다면 복권 당첨 번호의 숫자와 내가 산 복권 번호의 숫자를 대조해 보는 것은 뭐라 해야 할까. 복권의 숫자는 맞히는 것(정답의 개념)이지만 직접 대조해 보는 것은 맞추는 것이다. "숫자를 몇 개나 맞혔나 신문의 당첨 번호와 일일이 맞춰 보았다"처럼 쓰면 된다.

바르게 사용하기

이번에는 무려 네 개나 맞췄다 → 맞혔다

네 개밖에 못 맞춰 창피했다 → 맞혀

이번에는 정답을 맞췄다 → 맞혔다

화살을 적장의 어깨에 맞췄다 → 맞혔다

돌멩이를 던져 개구리를 맞췄다 → 맞혔다

편지를 부치려고
우표를 붙였다

부치다/붙이다

편지를 (부치고/붙이고) 왔다.

예전에는 편지를 보내려면 문구점 등에서 우표를 사가지고 봉투에 붙인 다음 우체통에 넣어야 했다. 그러나 요즘은 이렇게 하는 일이 거의 없다. 대부분 인터넷 메일을 통해 소식을 주고받거나 휴대전화 문자메시지를 통해 소통한다. 그래도 가끔은 편지나 소포 등을 보내야 하는 일이 생긴다. 이처럼 어디로 무엇을 보낼 때 '부친다'고 해야 할까, '붙인다'고 해야 할까? 결론부터 얘기하면 '부치다'가 맞는 표현이다. 편지나 물건 등을 일정한 수단이나 방법을 써서 상대에게로 보낼 때는 '부치다'를 써야 한다. "편지를 부치고 왔다" "내일

우편으로 부쳐 드리겠습니다" "아들에게 학비와 용돈을 부쳤다"처럼 사용된다.

'부치다'는 어떤 일을 거론하거나 문제 삼지 않은 상태에 있게 한다는 뜻으로도 쓰인다. "회의 내용을 극비에 부쳤다" "여행 계획을 비밀에 부쳤다" 등이 이런 경우다. 어떤 문제를 다른 곳이나 다른 기회로 넘기어 맡긴다는 의미로도 '부치다'가 사용된다. "안건을 회의에 부쳤다" "임명 동의안을 표결에 부쳤다" 등이 이렇게 쓰인 예다.

'부치다'는 어떤 행사나 특별한 날에 즈음해 어떤 의견을 나타낼 때 많이 쓰이는 말이다. '한글날에 부쳐' '식목일에 부치는 글' '젊은 세대에 부치는 서(書)' 등이 이렇게 사용된 것이다. '부치다'는 "접수된 원고를 편집해 인쇄에 부쳤다"처럼 원고를 인쇄에 넘긴다는 뜻으로도 쓰인다.

반면 '붙이다'는 맞닿아 떨어지지 않게 한다는 뜻으로 사용된다. "봉투에 우표를 붙였다" "메모지를 책상에 덕지덕지 붙였다"처럼 쓰인다. "담배에 불을 붙였다"처럼 불을 일으켜 타게 한다는 뜻으로 사용된다. "계약에 조건을 붙이다"와 같이 조건·이유·구실 등을 딸리게 한다는 뜻으로도 쓰인다.

그렇다면 '쏘아부치다' '쏘아붙이다'는 어느 것이 맞을까? '쏘아붙이다'가 맞는 말이다. 날카로운 말투로 상대를 몰아붙이듯 공격하는 태도를 나타내므로 의미상 '붙이다'

가 붙는 것이라 생각하면 된다. 이 외에도 뒤에 '붙이다/부치다'가 붙는 말들은 헷갈리기 십상이다. '걷어붙이다/걷어부치다' '몰아붙이다/몰아부치다' '밀어붙이다/밀어부치다' '벗어붙이다/벗어부치다'가 이런 것들이다.

쉽게 구분할 수 있는 방법은 바로 '붙이다/부치다'의 부분에 '붙게 하다'를 대입해 보는 것이다. '붙이다'는 맞닿아 떨어지지 않게 한다는 의미를 갖고 있으므로 의미가 통하면 '붙이다', 그렇지 않으면 '부치다'를 쓰면 된다.

"바지를 걷어붙이다"의 경우 바지를 말아 올려 붙게 한다는 의미가 들어 있으므로 '부치다'가 아닌 '붙이다'를 사용한다. "구석으로 몰아붙이다"의 경우도 몰아서 '붙게 한다'로 바꿔 썼을 때 의미가 통하므로 '몰아부치다'가 아닌 '몰아붙이다'를 쓰는 게 맞다. '밀어붙이다'도 마찬가지다.

바르게 사용하기

편지를 붙이고 왔다 ➡ 부치고

소매를 걷어부치고 덤벼들었다 ➡ 걷어붙이고

따귀를 올려부쳤다 ➡ 올려붙였다

짜증 섞인 말을 쏘아부쳤다 ➡ 쏘아붙였다

'한창'때가
'한참' 지났다

두 사람은 (한참/한창) 열애 중이다.

두 사람이 열애에 빠진 것처럼 기운이나 의욕 등이 가장 왕성한 때를 가리키는 말은 '한참'이라 해야 할까, '한창'이라 해야 할까? 막상 적으려고 하면 헷갈린다. '한참'과 '한창'은 발음과 표기가 비슷하다 보니 구분하기가 쉽지 않다.

'한참'은 우선 시간이 상당히 지나는 동안을 가리키는 말로 쓰인다. "한참 동안 기다렸다" "한참을 아무 말도 하지 못했다"가 이런 예다. '한참'은 어떤 일이 상당히 오래 일어나는 모양을 나타내는 말로도 사용된다. "한참 난투극이 벌어졌다"가 이런 경우다. '수효나 분량, 정도 등이 일정한 기준보다 훨씬 넘게'라는 의미로도 쓰인다. "붉은 노을빛이 아직 한참 남아 있었다"가 이렇게 사용된 것이다.

'한창'은 어떤 일이 가장 활기 있고 왕성하게 일어나는 때나 어떤 상태가 가장 무르익은 때를 나타내는 말로 사용된다. "한창 열애 중이다" "공사가 한창인 아파트" "겨울 축제가 한창이다"가 이런 예다. 어떤 일이 가장 활기 있고 왕성하게 일어나는 모양이나 어떤 상태가 가장 무르익은 모양을 나타내는 말로도 사용된다. "눈이 한창 쏟아지고 있다" "벼가 한창 무성하게 자라고 있다" "지하철이 한창 붐빌 시간이다"가 이런 경우다.

바르게 사용하기

두 사람은 한참 열애 중이다 → 한창

공사가 한참인 아파트 → 한창

겨울 축제가 한참이다 → 한창

눈이 한참 쏟아지고 있다 → 한창

한창을 기다렸다 → 한참을

배를 조정하지 말고
조종해라

조정/조종

시세 (조정/조종) 혐의로 기소됐다.

'시세 조종' '배후 조종' '가격 조정' '공공요금 조정' 등처럼 '조종'과 '조정'이란 말이 자주 쓰이지만 늘 헷갈린다. 두 낱 말은 어떻게 다를까?

조종(操縱)은 비행기·자동차 등 기계를 부리거나 사람·돈 등을 자기 마음대로 다루어 움직일 때 쓰인다. 비행기 조종, 원격조종, 자동조종 등은 기계를 다루는 경우이고, 배후 조 종, 시세 조종은 사람 또는 돈·가격을 결과적으로 자기 뜻대 로 움직이는 경우다.

조정(調整)은 알맞게 정돈할 때 쓰인다. 선거구 조정, 버스 노선 조정, 공공요금 조정, 구조 조정 등 불합리하거나 비현실적인 부분을 바로잡는 의미가 있다.

따라서 기계를 다룰 때 쓰이는 조종을 제외하고 구별한다면 조종은 자기 의도대로 어떤 것을 쥐락펴락할 때 쓰이고, 조정은 개선하거나 조절할 때 쓰인다고 보면 된다.

바르게 사용하기

시세 조정 혐의 → 시세 조종 혐의

배후 조정 → 배후 조종

가격 조종 → 가격 조정

공공요금 조종 → 공공요금 조정

비행기 조정 → 비행기 조종

원격조정 → 원격조종

자동조정 → 자동조종

선거구 조종 → 선거구 조정

버스 노선 조종 → 버스 노선 조정

이 자리를 빌려
지난번 빌린 것에 감사한다

빌다/빌리다

이 자리를 (빌려/빌어) 감사 인사를 드립니다.

어떤 자리에서 남에게 감사 인사를 할 경우 "이 자리를 빌어 감사 인사를 드립니다"고 말하는 경우가 많다. 이때의 '빌어'는 바르게 사용된 것일까?

'빌리다'는 어떤 일을 하기 위해 기회를 이용한다는 뜻으로 쓰인다. "성인의 말씀을 빌려 설교했다"처럼 사용된다. 또 남의 물건이나 돈 등을 나중에 도로 돌려주거나 대가를 갚기로 하고 얼마 동안 쓴다는 의미로도 사용된다. "은행에서 돈을 빌렸다" "친구한테서 책을 빌렸다" 등이 이런 경우다. 따라서 '이 자리를 빌어'는 '이 자리를 빌려'라고 해야 한다.

'빌다'는 바라는 바를 이루게 해달라고 신이나 사람, 사물 등에 간청할 때 쓰인다. "소녀는 하늘에 소원을 빌었다"처럼 사용된다. '빌다'는 잘못을 용서해 달라고 호소하다는 뜻으로도 쓰인다. "아이는 엄마에게 다시는 그런 짓을 하지 않겠다고 빌었다" 등과 같이 사용된다.

바르게 사용하기

이 자리를 빌어 인사를 드립니다 → 빌려

성인의 말씀을 빌어 설교하다 → 빌려

수필이라는 형식을 빌어 이야기를 풀어 갔다 → 빌려

고위 관리들의 말을 빌어 보도했다 → 빌려

남의 손을 빌어 일을 처리했다 → 빌려

쫓고 쫓기는
신세가 되지 맙시다

다람쥐 (쫓던/좇던) 어린 시절

진달래 먹고 물장구 치고

다람쥐 쫓던 어린 시절에….

이용복이 부른 노래 〈어린 시절〉의 일부다. 동요처럼 맑은 음색과 서정적인 노랫말로 어린 날을 회상하게 만든다.

가사의 '다람쥐 쫓던 어린 시절'처럼 글을 쓰면서 '쫓다'나 '좇다'가 나오면 어느 것을 사용해야 하는지 헷갈린다. 무엇을 잡기 위해 따라가는 일에 '쫓다'를 쓴다. '다람쥐를 쫓다' '잠자리를 쫓다' '나비를 쫓다'가 이런 경우다. 자리에서 떠나

도록 억지로 몰아낼 때도 '쫓다'를 사용하며 '참새떼를 쫓다' '악귀를 쫓다'가 그런 예다.

'좇다'는 대체로 추상적인 것에 쓰인다. 남의 의견·뜻·이론을 따르거나 무엇을 눈여겨볼 때 '좇다'를 쓴다. "부모님의 의견을 좇기로 했다" "날아가는 기러기 떼를 좇고 있으니 마음이 서글퍼지는구나"와 같이 사용된다. '꿈을 좇아 한국에 왔다'처럼 목표·이상·행복을 추구할 때도 '좇다'를 쓴다.

결국 '쫓다'는 구체적인 행동과 공간의 이동이 일어나는 것이지만, '좇다'는 추상적인 사실(대상)을 추구하거나 따라하는 것이라는 점에 차이가 있다. '쫓다'와 '좇다'를 구분하고, '쫓다'에서 나온 '쫓기다·쫓아가다·쫓겨나다·쫓아내다' 등은 '쫓다'에 준해 사용하면 된다.

바르게 사용하기

다람쥐 좇던 어린 시절 →	쫓던
부모님의 의견을 쫓기로 했다 →	좇기로
꿈을 쫓아 한국에 왔다 →	좇아
기러기 떼를 쫓고 있으니 마음이 서글퍼지는구나 →	좇고

'웃옷' '윗옷'
어느 것을 입어야 하나?

$$\boxed{\text{웃옷/윗옷}}$$

날씨가 추우니 (웃옷/윗옷)을 걸쳐 입어라.

접두사 '윗'이나 '웃'이 다른 말과 결합할 때 어느 것을 써야 할지 헷갈리는 경우가 많다. 구분하는 방법은 간단하다. '아랫'을 붙여 봐서 반대의 말이 만들어지면 '윗'을 쓰고 그렇지 않으면 '웃'을 사용하면 된다.

'웃도리/윗도리'의 경우는 '아랫도리'라는 반대말이 성립하므로 '윗도리'가 맞다. '웃니/윗니'도 '아랫니'가 되므로 '윗니'가 맞는 말이다. '웃사람/윗사람' 역시 '아랫사람'이란 말이 있으므로 '윗사람'이 맞는 표기다. '웃돈/윗돈'은 '아랫돈'이 없으므로 '웃돈'이라고 해야 한다.

그렇다면 '윗옷'과 '웃옷'은 어느 것이 맞을까? 언뜻 '윗옷'이 맞고 '웃옷'은 틀리다고 생각하기 쉽지만 둘 다 맞는 말이다. 다만 경우가 다르다. 우선 '아랫옷'이 있으므로 '윗옷'이 성립한다. 한자어로 '아랫옷'은 하의(下衣), '윗옷'은 상의(上衣)에 해당한다.

몹시 추운 겨울에는 이러한 '윗옷' 말고도 두툼한 외투나 점퍼를 하나 더 걸쳐 입어야 한다. 이때 입는 외투나 점퍼는 '윗옷'과 달리 '웃옷'이라 부른다. 이에 해당하는 하의가 따로 없기 때문이다. '윗옷'에 하나 더 껴입는 것이 '웃옷'이라 생각하면 된다. 따라서 날씨가 추워서 하나 더 걸쳐 입는다면 '웃옷'이라고 해야 한다.

바르게 사용하기

날씨가 추우니 윗옷을 걸쳐 입어라 → 웃옷을

그는 윗옷으로 코트 하나만 걸치고 나갔다 → 웃옷

웃옷을 벗어 던지고 물속에 뛰어들었다 → 윗옷

웃옷 두 벌과 아래옷 세 벌을 준비했다 → 윗옷

'손톱깎이'로
손톱깎기

손톱깎이/손톱깎기

(손톱깎이/손톱깎기)가 어디로 갔나?

집에서 많이 쓰는 물건 중에 '손톱깎이' '연필깎이'가 있다. '손톱깎기' '연필깎기'와 발음이 비슷(깎이[까끼], 깎기[깍끼])하다 보니 적을 때는 헷갈린다.

'깎이'는 '깎다'라는 동사의 어간에 사람·사물·일의 뜻을 더하는 접미사 '~이'가 붙어 만들어진 것이다. 때밀이·구두닦이·젖먹이·재떨이·옷걸이·목걸이·감옥살이·가슴앓이 등이 이런 것들이다.

'~이'는 명사·형용사, 의성어·의태어 등에 붙어 사람·사물의 뜻을 나타내기도 한다. 절름발이·애꾸눈이·멍청이·똑똑이·뚱뚱이·딸랑이·짝짝이 등이다.

'손톱깎기' '연필깎기'의 '깎기'는 '깎다'라는 동사에 명사 구실을 하게 만드는 어미 '~기'가 붙은 형태로 단순히 손톱이나 연필을 깎는 행위를 뜻한다.

"손톱 깎기 싫어" "연필 깎기는 정말 귀찮아" "혼자이기는 해도 외롭지 않다" "사람이 많기도 하다" 등에서처럼 '~기'는 동사·형용사가 문장에서 명사 구실을 할 수 있도록 만들어 주는 역할을 한다.

그렇다면 길거리에서 많이 사먹는 것으로 가래떡을 적당한 크기로 잘라 여러 가지 채소를 넣고 양념을 해 볶은 음식은 '떡볶이' '떡볶기' 어느 것으로 적어야 할까? 이 역시 '떡볶기'라고 하면 떡을 볶는 행위가 되므로 '떡볶이'로 적는 것이 바르다.

바르게 사용하기

- -

손톱깎기가 어디로 갔나? → 손톱깎이

- -

손톱깎기로 수시로 잘라 줘야 한다 → 손톱깎이

- -

연필깎기 좀 빌려 줄래 → 연필깎이

- -

나 손톱 깎이 싫어 → 손톱 깎기

- -

제 3 장

틀리기 쉬운 말 바로 쓰기

둘 중 하나는 틀린 말

말할 때 발음 그대로 적는다면 얼마나 좋을까? 우리말이 어려운 것은 일상생활에서 하는 발음과 정확한 표기가 차이가 나는 것이 많기 때문이기도 하다. 예를 들면 '갈게요/갈께요', '아니에요/아니예요' 같은 것이다. 대충 발음을 따라 적어도 된다면 이를 제대로 표기하지 못할 사람이 없다. 그러나 실생활에서 하는 발음만 가지고는 이들을 정확하게 적기가 어렵다.

　'길다란/기다란' '앳된/앳띤' '모자란/모자른' 등도 실생활에서 말할 때 사용하는 것과 정확한 표기가 차이가 나기 때문에 어려움을 느끼는 것들이다. 이런 것들은 평소에 관심을 가지고 정확한 표기를 익혀 두는 것이 좋다. 그러지 않으면 적을 때마다 헷갈린다. 일상생활에서 자주 쓰면서도 틀리기 쉬운 낱말을 모았다.

'갈께요'에 대해
알려주고 갈게요

갈게요/갈께요

당신 위해서라면 다 (줄께요/줄게요).

과거에는 '줄께' '할께' '갈께' '먹을께'처럼 'ㄹ께'로 적었으나
1988년 맞춤법이 바뀌면서 'ㄹ게'로 적도록 했다. 따라서 '줄
게' '할게' '갈게' '먹을게'로 써야 한다. 그 이전에 교육을 마친
사람은 이런 사실을 잘 모르기 때문에 계속 'ㄹ께'로 적고 있
다. 바뀐 규정을 일반인이 알 리 없으니 본인의 잘못은 아니
다. 의문을 나타내는 'ㄹ까'는 '줄까' '할까'와 같이 발음대로
적기 때문에 혼란스럽다.

'ㄹ게'와 마찬가지로 'ㄹ걸'도 '줄걸' '할걸' '갈걸' '먹을걸'
등으로 적어야 한다. 'ㄹ거야'도 '줄거야' '할거야' '갈거야'

'먹을거야'로 표기해야 한다. 의문을 나타내는 'ㄹ까' 'ㄹ꼬' 'ㅂ니까' '리까' 'ㄹ쏘냐'를 제외하면 발음과 달리 모두 'ㄹ게' 'ㄹ걸' 'ㄹ거야' 'ㄹ거나' 등 된소리가 아닌 예사소리로 적는 다는 사실을 기억하면 된다.

바르게 사용하기

다 줄께요 → 다 줄게요

곧 갈께 → 곧 갈게

줄꺼야 → 줄거야 │ 할꺼야 → 할거야

갈꺼야 → 갈거야 │ 먹을꺼야 → 먹을거야

갈껄 → 갈걸 │ 갈꺼나 → 갈거나

목이 '길다라야' 하나,
'기다라야' 하나?

> 길다란/기다란

선생님은 (길다란/기다란) 회초리를 들고 계셨다.

문제에서처럼 참으로 헷갈리는 말 가운데 하나가 '길다란'인가 '기다란'인가 하는 것이다. '길다'를 생각하면 '길다란'이 맞을 것도 같지만 확신이 서지 않는다.

'길다란'이라는 단어를 사용하기 위해서는 '길다랗다'는 말이 존재해야 한다. 그러나 '길다랗다'는 말은 없다. '기다랗다'가 맞는 말이다. '길다랗다'가 변한 형태인 '기다랗다'를 표준어로 삼고 있기 때문이다. 따라서 활용할 때도 '길다란'이 아니라 '기다란'이라고 해야 한다.

우리말에는 원래 말에서 변한 형태를 표준어로 삼는 것이 적지 않다. '기다랗다'의 반대말은 '짧다랗다'가 아니라 '짤따랗다'이다. 이는 겹받침의 끝소리가 드러나지 않는 것은 원형을 밝혀 적지 않고 소리대로 적는다는 규정 때문이다. '얄따랗다' '널따랗다'도 마찬가지다.

바르게 사용하기

선생님들은 길다란 회초리를 들고 계셨다 → 기다란

머리를 길다랗게 늘어뜨렸다 → 기다랗게

운동장에는 짤다란 나무가 많다 → 짤따란

방이 참으로 널다랗다 → 널따랗다

그 집 지붕에는 얄다란 함석판들이 이어져 있었다 → 얄따란

'거예요'가
아니에요

거예요/거에요

벚꽃이 곧 필 (거에요/거예요).

'거에요' '거예요' 어느 것이 맞을까? '~에요'와 '~예요'는 누구나 헷갈리는 말이다.

우선 '예요'는 '이에요'가 줄어든 말이다. 여기에서 '이'는 명사를 서술어로 만들 때 쓰이는 조사다. 즉 명사를 서술어로 만들기 위해서는 반드시 '이'가 첨가된다. '거'는 '것'을 구어적으로 이르는 말로 명사다. 따라서 명사인 '거'를 서술어로 만들기 위해서는 '이'가 추가된다. 그래서 '거+이+에요' 형태가 되고 '거이에요'가 줄어 '거예요'가 되는 것이다.

명사의 경우 받침이 있으면 '이에요', 없으면 '예요'와 결합한다. 받침이 없을 때는 '이에요'보다 '예요' 발음이 자연스럽기 때문이다.

'책+이에요→책이에요' '꽃+이에요→꽃이에요' 등은 받침이 있는 명사여서 '이에요'가 붙은 경우다. '저+예요→저예요' '나무+예요→나무예요' 등은 받침이 없는 명사여서 줄임말인 '예요'가 붙은 예다. '거예요'도 받침이 없으므로 '거이에요'가 아니라 '거예요'로 하는 것이다.

명사일 때는 받침이 있으면 '이에요', 없으면 '예요'가 자연스럽게 발음되기 때문에 헷갈릴 염려가 많지는 않다. '이예요' 형태는 없다는 것만 알아둬도 도움이 된다.

바르게 사용하기

벚꽃이 곧 필 거에요 → 거예요

이것은 책이예요 → 책이에요

그것은 바로 저에요 → 저예요

이것은 꽃이예요 → 꽃이에요

'애띤' 얼굴은
'앳된' 얼굴로 성형해야

앳된/애띤

나이에 비해 (애띠어/앳돼) 보인다.

어릴 적에는 어른처럼 보이고 싶어 어서 나이가 들었으면 좋겠다고 생각한다. 하지만 정작 나이가 들면 한 살이라도 젊어 보이고 싶은 게 대부분 사람의 마음일 것이다.

만약 누군가에게서 "나이에 비해 애띠어 보인다" "애띤 얼굴 때문에 다섯 살은 어려 보인다" 등과 같은 말을 듣는 다면 더없이 기분이 좋을 것이다. 애티가 있어 어려 보인다는 의미를 나타낼 때 이처럼 '애띠다' '애띠다' 또는 '앳띠다'를 활용한 '애띠어' '애띤' '앳떠' 등의 표현을 쓰는 것을 볼 수 있다.

그러나 이는 모두 잘못된 표현이다. 애티가 있어 어려 보인다는 뜻으로는 '앳되다'가 바른말이다. '앳되고, 앳된, 앳돼' 등으로 활용된다. "나이에 비해 앳돼 보인다" "앳된 얼굴 때문에 다섯 살은 어려 보인다" "얼굴이 앳돼 보여 나보다 훨씬 어린 줄만 알았다" 등처럼 사용된다.

얼굴뿐 아니라 목소리가 어리게 느껴질 때도 '앳되다'는 표현을 사용한다. "풋풋하고 앳된 목소리에 가슴이 설렜다" "앳된 음성이 전화기를 통해 들려왔다" 등과 같이 쓸 수 있다.

바르게 사용하기

. . . .

나이에 비해 애띠어 보인다 → 앳돼

. . . .

애띤 얼굴이 다섯 살은 어려 보인다 → 앳된

. . . .

얼굴이 앳떠 보여 나보다 훨씬 어린 줄만 알았다 → 앳돼

. . . .

풋풋하고 애띤 목소리에 가슴이 설렜다 → 앳된

. . . .

앳띤 음성이 전화기를 통해 들려왔다 → 앳된

'나는' 지난날보다
'날으는' 지난날이 좋다고?

날으는/나는

구름 속에 나비처럼 (날으던/날던) 지난날

문득 지난날의 그리운 사람이 떠오를 때가 있다. 이 노래를 들으면 더욱 그렇다. 〈얼굴〉(심봉석 시, 윤연선 노래)이란 곡이다. 노래 가운데 '무지개 따라 올라갔던 오색빛 하늘 나래/구름 속에 나비처럼 날으던 지난날'이란 구절은 이제는 볼 수 없는 사람에 대한 그리움을 더욱 사무치게 한다.

이 구절처럼 노랫말이나 노래 제목에 '날으던' 또는 '날으는' 등의 단어가 많이 나오는 것을 보면 '날다'는 단어엔 무언가 우리의 꿈·소망 같은 것이 담겨 있는 듯하다. '나비처럼 날으던 지난날'도 꿈같이 흘러간 옛 추억을 간직하고 있다.

그러나 이처럼 흔히 쓰이는 '날으는' '날으던'은 잘못된 표현이다. '나는' '날던'으로 해야 한다. '날다'는 단어는 경우에 따라 '날'에서 'ㄹ'이 탈락(불규칙 용언)하고 '나는' '나니' '납니다' 등으로 활용되기도 하고, '날고' '날지' '날면' 등과 같이 'ㄹ'이 유지되기도 한다.

그러나 어느 경우에도 '으'가 첨가되지는 않는다. '날으는'은 물론 '날으면' '날으지'도 '으'를 빼고 '날면' '날지'로 써야 한다. '날으는 슈퍼맨' '날으는 원더우먼' '날으는 피터팬' '날으는 우주전함' '날으는 돼지' 등 특히 '나는'을 '날으는'으로 잘못 쓰는 예가 많다.

'나는 새'처럼 '나는'으로 했을 경우 언뜻 '나=새'로 비칠 수 있는 등 어감이 좋지 않거나 의미가 불명확한 것은 사실이다. 시에서는 운율의 문제도 있다. 그러나 맞춤법을 지키고자 한다면 '나는'으로 적어야 한다. 공식적인 글에서나 시험에선 '날으는'으로 쓰면 점수가 깎인다.

"연말인데 물건을 많이 좀 팔으면(→팔면) 좋겠다" "추운데 창문을 활짝 열으면(→열면) 어떻게 하느냐" "그녀를 만난다는 부풀은(→부푼) 꿈에 젖어 있다" 등도 '날으는'처럼 '으'를 넣어 잘못 활용한 경우다. '날으는'을 '나는'으로 써야 한다는 것만 알아두면 대부분 바르게 사용할 수 있다.

바르게 사용하기

구름 속에 나비처럼 날으던 지난날 → 날던

날으는 슈퍼맨 → 나는 슈퍼맨

나한테 좀 팔으면 좋겠다 → 팔면

창문을 활짝 열으면 어떻게 하느냐 → 열면

부풀은 꿈에 젖어 있다 → 부푼

김치를 담궈야 맛있나?
담가야 맛있나?

> 담궜다/담갔다

드디어 김치를 (담궜다/담갔다).

김치·젓갈 등을 만들어 익거나 삭도록 그릇에 넣어 두다는 뜻의 단어는 '담그다' '담구다' '담다' 가운데 어느 것이 맞을까? 정답은 '담그다'이다. '담구다'는 아예 사전에도 없는 말이다. '담다'는 어떤 물건을 그릇 등에 넣다는 의미로 쓰인다. 김치 역시 장독이나 용기에 넣기는 하지만(담다) 단순히 장독 등에 넣는 것은 김치를 제조하는 것(담그다)과는 다르다.

기본형이 '담그다'라는 것을 기억하면 '담그고, 담그니, 담그면' 등으로 활용해 쓰는 것은 별 어려움이 없다. 문제는 '담가' 형태다. '담그+아'는 '담가', '담그+았다'는 '담갔다'가 된다. 활용할 때 불규칙하게 어간의 '으'가 떨어져 나간다. 이런 것을 '으' 불규칙 동사라고 한다.

　'담구다'가 없는 말이므로 '담궈, 담궜다, 담구니'는 모두 '담가, 담갔다, 담그니'로 고쳐야 한다. 가장 헷갈리는 것이 '담가' '담갔다' 형태이므로 따로 외워두면 좋다.

바르게 사용하기

드디어 김치를 담궜다 → 담갔다

김치를 담으니 마음이 뿌듯하다 → 담그니

김치를 담궈 먹었다 → 담가

겨울 김장김치를 담았다 → 담갔다

겨울에는 김치를 담아야 한다 → 담가야

며칠이 지나도
'몇일'인지 '며칠'인지 모르겠다

몇일/며칠

(몇일/며칠)이 걸려도 상관 없다.

'몇일'과 '며칠'은 어느 것이 맞는지 헷갈린다. 또한 늘 논란이 되는 부분이기도 하다. 결론부터 얘기하면 '몇일'이 아니라 '며칠'이 맞는 말이다.

1988년 맞춤법 개정 이전엔 '몇일'과 '며칠'을 구분해 썼으나 새 맞춤법은 '어원이 분명하지 않은 것은 원형을 밝혀 적지 않는다'고 규정하면서 '며칠'로 통일해 적도록 했다.

이전에는 "수능 시험까지 몇 일이 남았느냐"에서처럼 몇 날을 얘기할 때 '몇 일'을 사용하고, "오늘이 몇 월 며칠이냐"에서처럼 날짜를 가리킬 때는 '며칠'을 썼으나 두 경우

모두 '며칠'로 적도록 했다.

'며칠'이 우리말 '몇'과 한자어 '일(日)'의 합성어인 '몇일'에서 유래한 것으로 생각하기 쉬우나 우리의 옛말 '며츨'에서 온 것이며 '며칠'의 본말은 '며칟날(며츨+ㅅ+날)'이다. 따라서 '며칠'은 순수 우리말이 이어져 온 것으로 봐야 한다.

발음상으로도 '낮일'이 [나질]이 아니라 [난닐]로 소리 나듯이 '며칠'이 '몇+일'의 합성어라면 [면닐]로 소리 나야 하나 'ㅊ'받침이 내리 이어져 [며칠]로 발음된다.

이런 의미에서 소리 나는 대로 '며칠'로 적어 불규칙성을 반영함으로써 혼란을 피하도록 했다.

바르게 사용하기

몇 일이 걸려도 상관 없다 ➡ 며칠

수능 시험까지 몇 일이 남았느냐 ➡ 며칠

오늘이 몇 일이지? ➡ 며칠

그는 몇 일 동안 아무 말이 없었다 ➡ 며칠

이 일은 몇 일이나 걸리겠니? ➡ 며칠

지난 몇 일 동안 장맛비가 계속 내렸다 ➡ 며칠

'본따야' 제대로 나오나, '본뜨야' 제대로 나오나?

본따다/본뜨다

동물을 (본딴/본뜬) 로봇

달 기지 건설을 돕는 거미 로봇, 두더지를 모방한 굴착 로봇, 개미가 일하는 방식을 따라 만든 협동 로봇. 이들의 공통점은 동물을 본떠 로봇을 만들었다는 것이다. 예부터 인류는 자연을 모방하며 발전해 왔다.

이처럼 무엇을 본보기 삼아 그대로 좇아 하는 행위를 가리킬 때 '본따다'고 해야 하는지, '본뜨다'고 해야 하는지 헷갈린다. 즉 문제에서처럼 '동물을 본딴 로봇'인지, '동물을 본뜬 로봇'인지 아리송하다. 어느 것이 맞을까?

'본딴'이 되려면 기본형이 '본따다'가 돼야 한다. 하지만 사전에 '본따다'는 없다. '본따다'가 아니라 '본뜨다'만 나온다. '본뜨다'는 '본뜬' '본떠' '본떴다' 등으로 활용된다. 따라서 '동물을 본뜬 로봇'이 맞는 말이다. "고대 양식을 본따 석탑을 만들었다" "기념품은 학교의 상징을 본땄다"에서의 '본따' '본땄다' 역시 '본떠' '본떴다'로 고쳐야 한다.

기본형이 '본뜨다'인지 '본따다'인지 헷갈리면 '본뜨다'가 "본을 뜨다"에서 온 말이라는 사실을 기억하면 된다. '본'과 '뜨다'가 합쳐진 말이 '본뜨다'이다.

바르게 사용하기

동물을 본딴 로봇 → 본뜬

아이들은 부모의 행동을 본따게 마련이다 → 본뜨게

너희는 훌륭한 사람을 본따도록 해라 → 본뜨도록

봉황을 본딴 무늬 → 본뜬

백제 양식을 본따 만든 석탑 → 본떠

남의 작품을 본따 그린 그림 → 본떠

"여자친구랑 2년간 사겼다"면
사기를 당했다는 얘기

> 사겨/사귀어

> 여자친구랑 2년간 (사겼다/사귀었다).

문자 메시지나 SNS 글을 보면 "여자친구랑 2년간 사겼다" "이런 남자 있으면 나도 사겼다" "지난해부터 사겼다" 등처럼 '사겼다'는 표현이 많이 나온다.

'사겼다'를 풀이해 보면 '사기다'에 과거를 나타내는 '었다'가 결합한 '사기었다'가 줄어든 말이다. 그렇다면 '사기다'는 무슨 뜻인가. 나쁜 꾀로 남을 속이는 것을 의미하는 '사기(詐欺)'에 서술형어미인 '다'가 붙은 형태다. 따라서 "여자친구랑 2년간 사겼다"는 말은 여자 친구와 2년간 함께한 시간이 사기였다는 말과 비슷해진다.

'사기다'가 아니라 원말이 '사귀다'이므로 '사귀+었다' 형태인 '사귀었다'가 맞는 말이다. '사귀었다'는 더 이상 줄어들 수 없으므로 '사겼다'로 쓰면 안 된다. 'ㅟ'와 'ㅓ' 모음이 합쳐질 때 발음을 표기할 방법이 없기 때문이다. 즉 '귀'와 '었'이 합치면 '겼'이 아니라 그냥 '귀었'이 된다.

'바꼈다'도 마찬가지다. '바꼈다'는 '바끼다'와 '었다'가 결합한 '바끼었다'의 준말이다. 그러나 '바끼다'는 단어는 없다. '바뀌다'에 '었다'가 결합한 '바뀌었다'가 바른말이다. '바뀌었다' 역시 더는 줄어들 수 없으므로 '바꼈다'로 표기해서는 안 된다. '할퀴다'도 '할켰다'로 쓰는 경우가 많지만 '할퀴었다'로 적어야 한다.

"2년간 사겨 왔다"나 "여자친구가 수시로 바껴" "아기가 자꾸 얼굴을 할켜요"의 '사겨' '바껴' '할켜' 또한 '사귀어' '바뀌어' '할퀴어'로 고쳐야 한다.

물론 '사겼다'나 '바꼈다' '할켰다'가 속도와 편리성을 따르다 보니 그렇게 됐다고도 할 수 있지만 이를 맞는 말로 알고 있는 사람이 적지 않다. 자꾸 보다 보면 익숙해지기 때문에 옳은 말로 착각할 수 있다. 일반인의 글은 물론 신문 기사에서도 이런 표기가 나오는 것을 보면 잘못 알고 있는 사람이 많다는 얘기다.

빨리 발음하면 '사겼다' '바꼈다' '할켰다'로 들릴 수도 있지만 '사귀었다' '바뀌었다' '할퀴었다'는 더 이상 줄어들 수 없으므로 원말 그대로 적어야 한다.

'삼가하다'를
삼가 주세요

> 삼가하다/삼가다

저속한 내용을 (삼가합시다/삼갑시다).

자주 쓰면서도 틀리기 쉬운 단어가 '삼가다'이다. '조심하다' '지나치지 않도록 하다' '금지하다'의 뜻으로 흔히 사용하는 말이지만 '삼가하다'로 잘못 쓰는 경우가 많다. 대학생을 대상으로 한 받아쓰기 시험에서 70% 이상이 '삼가하다'로 썼다는 조사 결과도 있다.

공공장소의 안내판에는 '~를 삼가해주십시오' 또는 '~를 삼가합시다' 형태로 적혀 있는 것이 적지 않다. "흡연을 삼가해주십시오" "술을 드신 후 이용을 삼가해주십시오" "무단 횡단을 삼가합시다" 등으로 돼 있다. 인터넷 게시판에도 "욕

설 등 저속한 내용을 삼가해주십시오" "광고성 글을 삼가합시다" 등 '삼가해주십시오' '삼가합시다'가 많다. 기사에서도 "전문가들은 섣부른 투자는 삼가할 것을 조언하고 있다"처럼 '삼가하다' 형태로 잘못 쓰는 예가 있다.

'삼가다'를 '삼가하다'로 쓰는 이유는 무엇보다 '삼가다'의 발음이 어렵기 때문이다. '삼가다'를 활용한 '삼가니' '삼가고' '삼가서' '삼갑시다'보다 '삼가하다'를 활용한 '삼가하니' '삼가하고' '삼가해서' '삼가합시다'가 뜻이 분명하게 드러나고 발음하기도 쉽다.

이러한 측면에도 불구하고 '삼가다'를 표준어로 삼고 있어 '삼가하다'로 쓰면 틀린 말이 된다. '나가다' '오가다' '막가다'처럼 기본형이 '삼가다'이기 때문에 그 활용은 '삼가+고[니/면/서/자/라/주십시오]' 등으로 해야 한다.

바르게 사용하기

저속한 내용을 삼가합시다 → 삼갑시다

흡연을 삼가해주십시오 → 삼가주십시오

건강을 위해 담배를 삼가하기로 했다 → 삼가기로

어른 앞에서 행동을 삼가해야 한다 → 삼가야

첫눈의 설렘일까,
설레임일까?

설레이는/설레는

> 그를 처음 보자마자 마음이 (설레이었다/설레었다).

첫눈이 내리면 SNS에는 눈 사진과 함께 '첫눈의 설레임'이
란 제목이 많이 올라온다. 그렇다면 이 '설레임'은 맞는 표현
일까? 노래 가사에도 많이 나와 익숙한 '설레이는 이 마음'이
란 표현을 생각하면 '설레임'이나 '설레이는'이 문제가 없는
말로 생각하기 쉽다.

'설레임'과 '설레이는'의 기본형은 '설레이다'이다. 그러
나 '설레이다'는 '설레다'가 맞는 낱말이기 때문에 '설레이다'
를 활용한 말은 모두 바른 표현이 아니다. 따라서 '설레다'를
활용한 '설렘'과 '설레는'이 맞는 말이다. '보다→보이다' '놓

다→놓이다'처럼 '설레다'에 피동을 만드는 '이'를 붙여 '설레이다'로 쓰는 것이 아니냐고 하는 사람이 있을 수도 있으나 '설레다'는 애초에 피동 표현이 불가능한 말이다. 마음은 스스로 움직이는 것이지 남이 움직이는 것이 아니기 때문이다.

'설레다'를 '설레이다'로 하는 것과 마찬가지로 '이'를 넣어 잘못 쓰는 것이 적지 않다. '날씨가 개이다' '정처 없이 헤매이다' '목이 메이다'에서의 '개이다' '헤매이다' '메이다' 역시 '개다' '헤매다' '메다'가 바른 표현이다. 이들의 명사형은 각각 '갬' '헤맴' '멤'이다. '설레임'이나 '설레이는'처럼 '이'를 추가하는 것은 이것이 더욱 리듬감 있게 발음되기 때문으로 생각된다. 그러나 글을 쓸 때는 '설렘' '설레는'으로 바르게 적어야 한다.

바르게 사용하기

그를 처음 보자마자 마음이 설레이었다 → 설레었다

마음이 설레이어서 잠이 오지 않는다 → 설레어서

첫눈의 설레임 → 설렘

그를 만나러 갈 생각에 벌써부터 마음이 설레인다 → 설렌다

너무 설레이는 바람에 아무것도 할 수가 없었다 → 설레는

'나 어떠케'로 알고 있는데
나 어떡해?

> 어떠케/어떡해

나 (어떻해/어떡해) 너 갑자기 가버리면.

〈나 어떡해〉라는 노래가 있다. 1977년 제1회 대학가요제에서 대상을 받은 곡이다. 그런데 이 노래의 제목이나 가사를 옮기면서 '나 어떡해'를 모두 '나 어떻게'라고 표기해 놓은 곳이 많다. '나 어떡해'를 '나 어떻게'로 알고 있는 사람이 꽤 있다는 얘기다.

'어떻게'는 '어떻다'의 부사형으로 동사 등 다른 말 앞에 놓여 그것을 수식하는 기능을 하며, 그 자체로는 서술어로 쓰일 수 없다. "요즘 어떻게 지내십니까"에서처럼 반드시 서술어가 뒤따라 와야 한다. "나 어떻게"도 서술어를 넣어 "나 어떻게 해"로 해야 완전한 문장이 된다.

'어떻게' '어떡해'가 헷갈리는 주된 이유는 발음이 비슷하기도 하지만 '어떻게 하다'가 줄어 '어떡하다'는 하나의 동사가 됐다는 사실을 잘 모르기 때문이다.

'어떡하다'는 "저는 어떡하면 좋아요?" "어떡하다가 이렇게 되었니?" "오늘도 안 오면 어떡해"에서처럼 쓰인다. '어떡하다'가 '어떻게 하다'의 준말이므로 '어떡하면'은 '어떻게 하면', '어떡하다가'는 '어떻게 하다가', '어떡해'는 '어떻게 해'가 줄어든 것이며 그대로 바꿔 쓸 수 있다.

바르게 사용하기
나 어떻해 너 갑자기 가버리면 → 어떡해
갑자기 바꾸면 어떻게 → 어떡해
그렇게 쓰면 어떡케 → 어떡해
그는 어떠케 지낼까 → 어떻게

'알다시피'
'아다시피'가 아니에요

아다시피/알다시피

(아다시피/알다시피) 우린 시간이 없어요.

말을 할 때 상대도 이미 알고 있다는 사실을 먼저 알리면서 시작하면 상대를 설득하는 데 도움이 된다. 이럴 때 많이 쓰이는 말이 '이미 알고 있듯이'라는 뜻의 '알다시피' 또는 '아다시피'이다. 그러나 이 둘 가운데 어느 것이 바른 말인지 헷갈린다.

이처럼 '알다시피' '아다시피'는 일상에서 많이 쓰면서도 아리송한 말이다. '알다'가 동사의 기본형인 것을 생각하면 '알다시피'가 맞을 것도 같지만 자신이 없다.

지각을 나타내는 동사로는 '알다, 보다, 느끼다, 짐작하

129

다' 등이 있다. 이들 동사 어간 뒤에 붙어 '~는 바와 같이'의 뜻으로 사용되는 '~다시피' 앞에선 'ㄹ'이 탈락하지 않는다. '보시다시피' '느끼다시피' '짐작하다시피' 등처럼 '알다'는 어간 '알'에 '~다시피'가 결합된 '알다시피'로 써야 한다.

바르게 사용하기

아다시피 우린 시간이 없어요 → 알다시피

너도 아다시피 이미 늦었다 → 알다시피

이미 아다시피 그는 따뜻한 사람이잖아 → 알다시피

선생님도 아다시피 처음부터 그랬던 건 아니에요 → 알다시피

'으레'가 아닌 것
으레 알고 있어요

으레/으레

생일에는 (의례/으레) 케이크를 사 간다.

일상에서 자주 쓰면서도 많이 틀리는 낱말 가운데 하나가 '으레'다. '으레'는 '두말할 것 없이 당연히'를 뜻한다. "그는 으레 남 탓을 한다" "으레 와 있어야 할 사람들이 보이지 않았다"처럼 사용된다.

'으레'는 틀림없이 언제나, 즉 '항상' '늘'을 뜻하는 낱말로도 쓰인다. "그는 회사 일을 마치면 으레 동료들과 술 한잔을 한다" "이곳에 오면 으레 그렇듯 마음이 편안해진다"처럼 사용된다.

비슷한 모양을 한 '으례'나 '의례'는 잘못된 말로 '으레'로 고쳐야 한다. '의레'나 '으레껏'이라고 표현하는 경우도 간혹 있는데 이 역시 존재하지 않는 낱말이다.

'의례'는 '의전례(依前例)'의 줄임말로 전례에 따라 관례적으로 함을 의미한다. '으레'와는 의미가 다르지만 발음이 비슷해 헷갈리기 쉬우니 주의해야 한다.

바르게 사용하기

생일에는 의례 케이크를 사 간다 ➡ 으레

크리스마스에는 으례 선물을 주고받는다 ➡ 으레

의례 있어야 할 사람이 보이지 않았다 ➡ 으레

학교를 마치면 으례 학원으로 간다 ➡ 으레

의례 그렇게 하는 줄 알고 지냈다 ➡ 으레

선거를 치뤄야 하나,
치러야 하나

> 치렀다/치뤘다

값비싼 대가를 (치렀다/치뤘다).

돈을 내주거나 무슨 일을 겪어냈을 때 '치뤘다'는 표현을 많이 쓴다. 그러나 '치렀다'가 바른말이다. '치루다'는 단어는 없고 '치르다'만 있기 때문이다. '치르다'의 어간 '치르'에 과거를 나타내는 '었'과 종결어미 '다'가 붙어 '치렀다'가 된다. 즉 '치르+었+다=치렀다' 형태다.

'치르다'는 "주인에게 내일까지 아파트 잔금을 치러야 한다" "점원에게 옷값을 치르고 가게를 나왔다" "값비싼 대가를 치렀다" 등처럼 돈을 내주다, 즉 돈을 지불한다는 뜻으로 사용된다. "시험을 치렀다" "잔치를 치렀다" "장례식을 치렀다" 등처럼 무슨 일을 겪어내다는 의미로도 사용된다. "아침을 치르고 대문을 나서던 참이었다"와 같이 아침이나 점심 등을 먹다는 뜻으로도 쓰인다.

따라서 '치루다'를 기본형으로 활용한 '치뤄, 치루고, 치루니, 치뤄라, 치뤘다'는 모두 잘못된 말이다. '치르다'가 기본형이기 때문에 '치러, 치르고, 치르니, 치러라, 치렀다'로 고쳐야 한다.

바르게 사용하기

값비싼 대가를 치뤘다 → 치렀다

내일까지 아파트 잔금을 치뤄야 한다 → 치러야

점원에게 옷값을 치루고 가게를 나왔다 → 치르고

수능 시험을 치뤘다 → 치렀다

결혼 잔치를 치루었다 → 치렀다

아침을 치루고 대문을 나서던 참이었다 → 치르고

'아니예요'가
아니에요

아니에요/아니예요

그건 사실이 (아니예요/아니에요).

문제에서처럼 확인되지 않은 소문의 진위를 물었을 때 사실이 아니라고 밝히는 경우 '아니예요'라고 해야 할지, '아니에요'라고 해야 할지 헷갈린다. 인터넷을 검색해 보면 '아니예요'와 '아니에요'가 비슷하게 나온다.

'아니다'나 '이다'의 어간, 즉 '아니'와 '이' 뒤에 붙어 설명이나 의문의 뜻을 나타내는 종결 어미가 '~에요'다. 즉 '아니'에 '~에요'를 붙여 "전 학생이 아니에요"처럼 사용된다. 용언(동사·형용사)일 경우 이처럼 어간에 '에요'가 붙지만 체언(명사)일 경우에는 서술격 조사 '이'가 추가돼 '~이에요'를 붙인다. "전 학생이에요"와 같이 쓰인다.

'~예요'는 '~이에요'가 줄어든 말이다. "꽃병을 깨뜨린 범인은 바로 저예요" "여기 제 성적표예요"에서와 같이 받침이 없는 체언 뒤에는 '~예요'가 사용된다.

"잘못한 사람은 당신이에요" "이게 바로 제 책이에요"에서와 같이 받침이 있는 명사 뒤에는 '~이에요'를 쓴다.

동사나 형용사의 어간에는 '~에요'(아니+에요)가 결합하고, 명사에는 '~이에요'(책상+이에요) 또는 그 준말인 '~예요'(저예요)가 결합한다는 사실을 기억하면 된다.

바르게 사용하기

그건 사실이 아니예요	→ 아니에요
전 학생이 아니예요	→ 아니에요
꽃병을 깨뜨린 범인은 바로 저예요	→ 저예요
여기 제 성적표예요	→ 성적표예요
이게 바로 제 책이예요	→ 책이에요

'모자란' 잠은
보충 안 해도 된다

> 모자란다/모자른다

학생들은 늘 잠이 (모자른다/모자란다).

살아가면서 늘 부족하다고 느끼는 것이 잠이다. 각자 사정은 다르겠지만 현대인들이 예전 사람들보다 훨씬 잠이 부족하다고 한다. 또 개인에 따라서는 자도 자도 잠이 부족한 사람도 있다. 이처럼 잠이 부족한 경우 대체로 "잠이 모자른다"고 얘기한다.

잠뿐 아니라 다른 것이 부족할 때도 '모자른다'는 표현을 쓰곤 한다. "돈이 모자른다" "시간이 모자른다" 등이 이러한 예다. 그러나 '모자른다'는 바른 표현이 아니다. '모자란다'가 맞는 말이다. '모자르다'가 아니라 '모자라다'가 기본형이기 때문이다.

'모자라다'는 기준이 되는 양이나 정도에 미치지 못하다는 뜻이다. "학생들은 늘 잠이 모자란다" "잠이 모자라서 늘 피곤하다" "그 환자는 피가 모자라 수시로 수혈을 해야 한다"처럼 사용된다.

'모자라다'는 지능이 정상적인 사람에 미치지 못한다는 뜻으로도 쓰인다. "좀 모자라 보이는 아이" "그 친구는 순진한 것인지 모자라는 것인지 알 수 없다" 등과 같이 사용된다. '모자라다'는 '모자라' '모자라니' '모자라서' 등으로 활용된다.

바르게 사용하기

학생들은 늘 잠이 모자른다 → 모자란다

이번 달 결제할 돈이 모자른다 → 모자란다

일은 많은데 손이 모자른다 → 모자란다

순진한 것인지 모자르는 것인지 알 수 없다 → 모자라는

그 환자는 피가 모잘라 수시로 수혈을 해야 한다 → 모자라

'졸리는' 건지
'졸리운' 건지 가물가물

> 졸립다/졸리다

밤새 공부했더니 (졸립고/졸리고) 피곤하다.

자고 싶은 느낌이 든다는 뜻으로 쓰이는 낱말은 '졸립다'일
까, '졸리다'일까? 일상에서는 '졸립다'는 표현을 자주 사용
하고 있다. 그러나 '졸립다'는 '졸리다'가 맞는 말이다.

'졸리다'는 "졸리고 피곤하다" "아마 밤을 새웠으니까 졸
려서 어디로 자러 가는 모양이었다"처럼 자고 싶은 느낌이
든다는 의미로 사용된다. "학생들의 졸린 표정을 보니 안쓰
럽다"처럼 자고 싶은 느낌이 있다는 뜻으로도 쓰인다.

'졸립다'가 잘못된 말이므로 이를 활용한 '졸립고, 졸리
워, 졸리운' 역시 틀린 말이다. 각각 '졸리다'를 활용한 '졸리

고, 졸려, 졸린'으로 바꾸어야 한다.

그렇다면 '졸리다'를 현재형으로 만들 때는 '졸리다'고 해야 할까, '졸린다'고 해야 할까? "지금 너무 졸리다"처럼 '졸리다'고 하는 사람이 많으나 '졸린다'가 맞는 표현이다. '졸리다'가 동사이기 때문에 '졸린다'고 하는 것이 바르다. '먹다' '가다'를 현재형으로 만들 때 '먹는다' '간다'고 하는 것과 마찬가지다.

바르게 사용하기

밤새 공부했더니 졸립고 피곤하다 → 졸리고

졸리워서 어디로 자러 가는 모양이었다 → 졸려서

학생들의 졸리운 표정을 보니 안쓰럽다 → 졸린

괜히 하는 것도 없이 졸립다 → 졸린다

자도 자도 졸립고 피곤하다 → 졸리고

'오이소배기'
'오이소박이' 어느 것을 먹을까?

> 오이소배기/오이소박이

(오이소배기/오이소박이)를 담갔다.

김치에는 배추김치·무김치·열무김치·갓김치·파김치 등 여러 가지가 있는데 오이김치도 그중 하나다. 오이김치는 대개 오이를 잘라 십자 모양으로 칼집을 내고 소금에 살짝 절여 물기를 뺀 뒤 부추·마늘·생강·고춧가루 등을 버무린 양념을 집어넣어 만든다. 아삭아삭하게 씹히는 맛과 신선한 감촉은 다른 김치가 따라올 수 없을 정도다. 이런 오이김치를 '오이소배기' 또는 '오이소박이'라 부른다. 어느 것이 맞을까?

'오이소박이'가 맞는 말이다 '~박이'는 무엇이 박혀 있는 사람이나 짐승 또는 물건이라는 뜻을 더하는 말이다. '점박이' '금니박이' '덧니박이' '네눈박이' '차돌박이' 등처럼 쓰인다. '오이소박이'도 '오이+소+박이'의 구조로, 오이에 소(만두·송편·통김치 등에 넣는 고명)를 넣었다는 점에서 '~박이'가 붙는다.

'~배기'는 그 나이를 먹은 아이의 뜻을 더하는 말이다. '두 살배기' '다섯 살배기' 등처럼 쓰인다. '~배기'는 그것이 들어 있거나 차 있음(나이배기·알배기), 또는 그런 물건(공짜배기·대짜배기·진짜배기)이라는 의미로 사용되기도 한다. 서울 노량진의 '장승배기'는 원래 '장승박이'(장승이 박혀 있는 곳)가 맞지만 지명으로 그렇게 굳어졌다.

바르게 사용하기

오이소배기를 담갔다 → 오이소박이

나는 차돌배기가 좋다 → 차돌박이

점배기 강아지 → 점박이

두 살박이 아들이 있다 → 두 살배기

그는 진짜박이다 → 진짜배기다

제 4장

가급적 피해야 할 표현

영어와 일본어 등 외래어 못지않게 우리말을 오염시키고 있는 것이 영어나 일본어투 표현이다. 우리말 어법에 맞지 않는 이들 언어의 표현 방식이 우리말에 들어와 우리말의 고유한 표현 체계를 무너뜨리고 있다.

일본어투 표현이란 우리말의 고유한 서술 방식과 다른 일본어식 문장 표현을 가리킨다. '~의'와 '~적', 그리고 '~에 있어'가 대표적이다. 유용하게 쓰일 때도 있지만 불필요하게 사용되거나 남용하는 것이 문제다. 우리말 체계와 다른 영어식 표현이 쓰이는 경우도 많다. '~중이다' '~를 갖다' 또는 '들'의 남용이 이런 사례다.

우리말 가운데서도 '~같아요' '~시키다'처럼 어울리지 않는 표현이 쓰일 때가 적지 않다. 또한 "5만원이세요" "계산하실게요" 등처럼 소위 접대멘트가 유행처럼 번지고 있다. 이처럼 문제가 있어 피하는 것이 바람직한 기형적 표현, 그리고 영어나 일본어의 영향을 받아 우리말 표현 체계를 무너뜨리는 것들을 모았다.

자신 없는 김 대리의 별명은
'같아요'

'~같아요'는 영혼 없는 표현

유체이탈 화법 "좋은 것 같아요."

요즘 '~같아요'를 남용하는 경향이 있다. 예를 들어 주말 야외활동을 하는 사람들을 취재한 TV 뉴스를 보다 보면 인터뷰에 응하는 사람의 말투에서 '~같아요' 표현이 많이 나온다.

"처음 와봤는데 참 괜찮은 것 같아요" "너무 재미있는 것 같아요" 등처럼 꼬박꼬박 '~같아요'를 붙인다. 올림픽에서 메달을 딴 선수가 인터뷰할 때도 "우승해서 참 좋은 것 같아요"처럼 특히 "좋은 것 같아요"란 표현을 많이 쓴다. 좋으면 좋지 '좋은 것 같아요'는 무엇인가?

'같다'는 추측이나 불확실한 단정을 나타내는 말이다. "비

147

가 올 것 같다" "무슨 일이 생긴 것 같다" 등처럼 확실하지 않은 사실을 말할 때 사용하는 표현이다. 따라서 자신의 기분이나 감정을 스스로 잘 알면서 '같아요'를 사용해 불확실하게 표현하는 것은 곤란하다.

"참 좋은 것 같아요"처럼 자기 자신이 느끼는 기분을 스스로 잘 알면서 '같아요'를 사용하면 무척이나 어색하다. 좋으면 좋고 나쁘면 나쁜 것이지 '좋은 것 같아요'라는 추측은 성립하지 않는다. 이것이야말로 유체이탈 화법이다. "참 좋아요"라고 하는 것이 바람직하다.

더욱 큰 문제는 '같아요'를 남용하면 자신감이 없어 보인다는 점이다. 만약 직장에서 김 대리가 이처럼 '~같아요'를 자주 사용한다면 자신감이 결여된 사원으로 비칠 수도 있다.

바르게 사용하기

경치도 좋고 시원해서 참 좋은 것 같아요 → 좋아요

처음 와봤는데 참 괜찮은 것 같아요 → 괜찮아요

너무 재미있는 것 같아요 → 재미있어요

저는 하기 싫은 것 같아요 → 하기 싫어요

'시키지' 말고
그냥 '하세요'

'시키다'는 '했다'가 적절한 경우 많아

남으로 하여금 어떤 동작이나 행동을 하게 하는 뜻을 더하는 접미사 '~시키다'를 남용하는 경향이 있다. 뜻을 분명하게 하거나 강조하려는 심리에서 '~하다' 대신 '~시키다'를 즐겨 쓰지만 의미가 달라지거나 어색한 경우가 많다.

'~시키다'는 '교육시키다' '복직시키다' '입원시키다' '취소시키다' '이해시키다' '진정시키다' '화해시키다' 등에서처럼 서술성이 있는 일부 명사(대부분 한자어) 뒤에 붙어 사동의 뜻을 더하는 낱말이다.

하지만 "직원을 해고시켰다" "사표를 반려시켰다" "환경을 개선시켰다" "출국을 금지시켰다" "피의자를 구속시켰다" 등에서는 대부분 주체가 스스로 행위를 하는 것이므로 '해고했다' '반려했다' '개선했다' '금지했다' '구속했다' 등으로 고쳐야 한다.

"이사회가 합병안을 가결시켰다" "아이디어를 기술과 연계시키겠다" 역시 남에게 그렇게 하도록 하는 것이 아니기 때문에 "이사회가 합병안을 가결했다" "아이디어를 기술과 연계하겠다"로 해야 한다.

바르게 사용하기

사표를 반려시켰다 → 반려했다

직원을 해고시켰다 → 해고했다

환경을 개선시켰다 → 개선했다

출국을 금지시켰다 → 금지했다

피의자를 구속시켰다 → 구속했다

손님보다 돈이 소중한
'5만원이세요'

> 접대 멘트 "5만원이세요"

'5만원이세요'는 사람보다 돈을 높이는 표현

요즘 백화점·할인마트 등 계산대의 점원에게서 특히 많이 듣는 말이 "5만원이세요" "10만원이세요" 등처럼 '~세요' 표현이다. 과거엔 이런 말을 별로 들어 본 적이 없으나 근래 들어 부쩍 늘었다. "5만원입니다" "10만원입니다"고 하던 것을 더욱 정중하게 표현한다는 의도로 이런 말을 사용하는 것으로 보인다. 과연 이 말이 손님을 더욱 존대하는 표현일까.

'~세요' 자체는 존대를 나타내는 말로 쓰이는 것이 맞다. "우리 어머님이세요" "저희 선생님이세요" 등과 같이 사용된다. 그러나 예문에서 보듯 존대의 대상은 사람이어야 한다. 사물이 존대의 대상이 될 수는 없다. 만약 "이것은 제 노트북이세요"라고 한다면 얼마나 웃기는 말인가.

'~세요' 앞에 사람이 아닌 다른 것이 오는 경우도 있으나 이때는 의문이나 명령을 나타낸다. "갑자기 웬일이세요?"에서는 의문을, "계속 말씀하세요"에서는 명령을 나타내는 말로 쓰인다. 따라서 "5만원이세요"는 '5만원'이 사람이어서 '~이다'의 높임말로 쓰이거나 의문 또는 명령을 나타내는 말로 사용되는 세 가지 경우만 존재한다.

결국 "5만원이세요" "10만원이세요"처럼 돈에다 '~세요'를 붙이는 것은 손님이 아니라 돈을 존대하는 기형적 어투다. 고객을 존중하기는커녕 돈이나 사물을 높여 손님을 놀리는 듯한 이런 표현이 더욱 늘어 가고 있다. '~세요'란 우스꽝스러운 바이러스에 감염된 꼴이다. 그냥 "5만원입니다" "10만원입니다"고 해야 한다.

바르게 사용하기

5만원이세요 → 5만원입니다

신상품이세요 → 신상품입니다

3번 좌석이세요 → 좌석입니다

내 목의 힘을
당신이 왜 빼나?

"목에 힘 빼실게요"

‘빼실게요’는 상대의 의지가 들어간 희한한 말

얼마 전 어머님을 모시고 병원에 다녀왔다. 대학병원이라 그런지 직원들이 몹시 친절했다. 하지만 과공비례(過恭非禮)라고 했던가. 지나친 존댓말이 오히려 거부감이 들게 했다.

"목에 힘 빼실게요" "누우실게요" "고개를 돌리실게요" "곧 끝내실게요". 검사와 치료를 받는 내내 고개를 갸웃거리게 하는 높임말들을 들어야 했다.

‘~ㄹ게요’는 ‘~ㄹ게＋요’ 형태로 내가 상대에게 어떤 행동을 하겠다고 공손하게 약속하는 말이다. "다시 연락할게요"라고 한다면 내가 상대에게 연락하겠다고 약속하는 것이다.

그렇다면 '누우실게요'는 어떻게 되는 걸까. 우선 '누울게요'는 내가 눕겠다고 상대에게 공손히 얘기하는 것이다. 그러나 여기에 '시'가 첨가된 '누우실게요'는 성립하지 않는다.

"선생님은 키가 크시다"처럼 '시'는 상대와 관련된 것을 높일 때 쓰는 말이다. '누울게요'와 같이 내 의지를 나타내는 말에는 '시'가 들어갈 수 없다. 상대에겐 '누우세요'라고 해야 한다. "목에 힘 빼실게요"는 "목에 힘 빼세요"가 바른말이다.

무턱대고 '시'를 붙인다고 공손해지는 것이 아니다. 치료를 마치고 계산을 위해 1층으로 내려가니 이번에는 창구 여직원이 하는 말. "결제 도와 드리실게요."

바르게 사용하기

목에 힘 빼실게요 → 빼세요

누우실게요 → 누우세요

고개를 돌리실게요 → 돌리세요

레이저 시술 하실게요 → 할게요. 하겠습니다

곧 끝내실게요 → 끝낼게요. 끝내겠습니다

'들'이 많으면
'들들들' 굴러간다

'들'을 남용하는 것은 영어식 표현

사물을 복수로 만들 때 쓰이는 접미사 '~들'을 남용하는 경향이 있다. 우리말에서는 이야기 앞뒤의 흐름으로 복수임을 짐작할 수 있거나 문장 속에 있는 다른 어휘로 복수라는 것을 알 수 있는 경우 '들'을 붙이지 않는다. 복수에 꼬박꼬박 '들'을 붙여 쓰는 것은 영어식 표현이다.

"먹자골목에는 음식점들이 늘어서 있다"를 예로 들면 '늘어서 있다'는 서술어로 복수라는 것을 알 수 있으므로 '음식점'에 '들'을 붙일 필요가 없다. "먹자골목에는 음식점이 늘어서 있다"는 표현으로 충분하다.

"사고로 여러 사람들이 다쳤다" "행사에 많은 사람들이 모였다"에서는 수식하는 '여러'와 '많은'이 구체적으로 수를 드러내고 있으므로 '들'을 빼고 "사고로 여러 사람이 다쳤다" "행사에 많은 사람이 모였다"로 하는 것이 더 자연스럽다.

'들'을 붙이는 데 익숙하다 보니 "상승하는 수증기들이 주변의 낮은 공기들 때문에 냉각되고 서서히 뭉치면서 구름들이 생긴다"에서처럼 셀 수 없는 명사에까지 '들'을 붙이는 예가 많다. "상승하는 수증기가 주변의 낮은 공기 때문에 냉각되고 서서히 뭉치면서 구름이 생긴다"로 해야 한다.

또 하나 '들'의 쓰임새와 관련해 많은 사람이 궁금해하는 것이 있다. 일상 대화에서 "수고들 하세요" "감기들 조심하세요" "행복들 하세요"에서처럼 복수가 될 수 없는 단어에 '들'을 붙이는 경우다. 이때의 '들'은 전제된 주어, 즉 이 말을 듣는 사람이 복수라는 것을 뜻한다. 그러나 여기에서도 반드시 '들'이 필요한 것은 아니다.

"조용히들 하세요" "집에서들 놀고 있어라" "많이들 먹어라" "잘들 해 봐라" "웃지들만 말고 자세히 얘기해 봐"에서와 같이 명사가 아닌 것에 '들'을 붙이는 예도 있다. 이 역시 주어가 생략되면서 그 주어가 복수라는 것을 나타내기 위해 빚어진 현상이다.

어쨌든 불필요하게 '들'을 사용하면 '들'이 군더더기로 작용함으로써 문장의 간결성이 떨어지고, 읽기에도 불편해지므로 절제하는 것이 바람직하다.

"선생님들과 함께 수련 활동을 떠난 이들 학생들은 부모님들의 고마움을 생각하는 소중한 시간들을 보냈다"에서 보듯 '들'이 많으면 문장이 너저분해진다. "선생님과 함께 수련 활동을 떠난 이들 학생은 부모님의 고마움을 생각하는 소중한 시간을 보냈다"가 훨씬 자연스럽다.

바르게 사용하기

먹자골목에는 음식점들이 늘어서 있다 → 음식점이

사고로 여러 사람들이 다쳤다 → 여러 사람이

행사에 많은 사람들이 모였다 → 많은 사람이

수증기들, 공기들, 구름들 → 수증기, 공기, 구름

'~의'가
기형적인 말을 만들어낸다

> '~의'를 줄여 쓰자

'~의'를 남용하는 것은 일본식 표현

우리말에선 원래 조사 '~의'가 흔하게 사용되지는 않았다고 한다. 사람을 가리키는 '나, 너, 저'를 예로 들면 조사 'ㅣ'가 붙어 '내, 네, 제'로만 사용됐다고 한다. '내 사랑' '네 물건' '제 자식' 등 현재도 그대로 쓰이고 있는 형태다.

'~의'가 붙은 '나의, 너의, 저의' 형태는 조선 후기에 모습을 보이기 시작해 개화기에는 흔히 쓰이게 됐다고 한다. 이는 일본어에서 여러 가지 문장성분으로 두루 쓰이는 조사 '~의(の)'의 영향을 받았기 때문이다.

'나의 침실로'(이상화의 시), '나의 살던 고향'(이원수의 노래

<고향의 봄> 중) 등에서 '나의 침실'은 '내 침실', '나의 살던 고향'은 '내가 살던 고향'이 이전부터 내려온 우리말 어법이다.

요즘 들어서는 '~의'가 아무 데나 쓰이고 있다. "국회의 변화하는 모습을 국민은 기대하고 있다"(→국회가 변화하는 모습을~), "스스로의 약속을 저버렸다"(→스스로 한 약속을~) 등 '~의'를 남용하고 있다.

"소득의 향상과 식생활의 서구화로 쌀의 소비량이 부쩍 줄었다"에서는 명사와 명사 사이에 모두 '~의'를 사용했다. 그러나 이는 일본어식으로 전혀 필요 없는 것이다. 군더더기일 뿐이다. '~의'를 무조건 배척하자는 것은 아니다. 나름대로 효용도 있다. 불필요한 사용을 자제하고 '~의'자를 사용해 우리말 체계와 다른 억지 말을 만들지 말자는 얘기다.

바르게 사용하기

나의 살던 고향 → 내가 살던 고향

국회의 변화하는 모습 → 국회가 변화하는 모습

스스로의 약속을 저버렸다 → 스스로 한 약속을

범죄와의 전쟁 → 범죄 척결

전통문화와의 만남 → 전통 문화 만나기

영어를 배우면서
입에 밴 말 '~중이다'

> ## '~중이다'를 줄여 쓰자

'~중이다' 남용은 영어식 표현

우리말에서는 영어처럼 특별히 진행형이 있는 게 아니다. 상태나 진행을 뜻하는 '있다'가 '~고 있다' 형태로 진행형을 대신한다. '가다'를 예로 들면 '가고 있었다(과거진행)-가고 있다(현재진행)-가고 있겠다(미래진행)'가 된다. 그러나 요즘은 이런 체계를 무시하고 영어의 '~ing'를 공부하면서 배운 '~중이다'가 마구 쓰이고 있다.

"공격적인 투자를 계획 중이다" "실질적 혜택방안을 검토 중이다" "업무의 고도화를 추진 중이다" "행사 참가를 고려 중이다" 등과 같이 서술어가 '~중이다' 투성이다.

우리말의 '~중'은 '영웅 중의 영웅'처럼 '~가운데', '수업 중, 공부 중, 그러던 중'처럼 '~하는 동안', '임신 중, 수감 중'처럼 '어떤 상태에 있는 동안' 등의 뜻으로 쓰일 때 잘 어울린다. 물론 이런 의미에서 '상태'나 '~동안'을 나타내는 "수업 중이다" "공부 중이다" 등의 표현이 가능하기는 하다.

하지만 이런 경우를 제외하면 보통은 '~하고 있다'가 적절하다. '계획 중이다→계획하고 있다' '검토 중이다→검토하고 있다' 등이 정상적인 우리말 표현 방식이다.

'~중이다'에서 한 발 더 나아가 "계획하는 중이다" "계획하고 있는 중이다" 등처럼 영어의 진행형을 더욱 흉내 낸 듯한 표현도 많이 쓰이고 있다. 모두 "계획하고 있다"가 정상적인 말이다. "원인을 파악 중에 있다"에서의 '~중에 있다'는 표현도 "원인을 파악하고 있다"가 적절한 말이다.

바르게 사용하기

공격적인 투자를 계획 중이다 → 계획하고 있다

실질적 혜택방안을 검토 중이다 → 검토하고 있다

업무의 고도화를 추진 중이다 → 추진하고 있다

행사 참가를 고려 중이다 → 고려하고 있다

'~에 있어'는
안 있어도 된다

'~에 있어'는 일본식 표현으로 대부분 불필요한 말

"그는 일에 있어서나 사랑에 있어 열정적이다"에서와 같이 흔히 쓰는 말에 '~에 있어(서)'가 있다. 그러나 이는 일본식 표현이다. 일본어에서 '니오이테(において)'란 말이 자주 나오는데 우리말로 그대로 옮기면 '~에 있어(서)'가 된다.

이전에는 쓰이지 않던 이 말이 일제시대 들어 흔히 사용됐다는 것은 일본어의 영향을 받았음을 보여 준다. 요즘은 들어가지 않은 글이 없을 정도로 남용되고 있다. 하지만 우리말에서 '~에 있어(서)'는 대부분 없어도 되는 군더더기 표현이다.

"당신은 나에게 있어 존재의 의미입니다" "마음이 열리지 못한 사람에게 있어 삶은 고된 시련의 장일 수밖에 없다" "정치인에게 있어 가장 무서운 것은 국민의 심판이다"에서 '있어'는 모두 필요 없는 말로 '~에게'로만 해도 충분하다.

"남녀의 차이는 생리적인 것일 뿐 능력에 있어서는 대등하다" "정치에 있어서도 소비자의 합리적 선택이 중요하다" "결정적인 순간에 있어서는 확고한 자세를 가져야 한다"에서도 '있어'는 불필요하다. 각각 '능력에서는' '정치에서도' '순간에는'으로 하면 된다.

"논술을 공부함에 있어 이론은 그리 중요하지 않다" "일을 추진해 나감에 있어 무엇보다 중요한 것은 스스로에 대한 믿음이다"에서 '공부함에 있어'는 '공부하는 데', '추진해 나감에 있어'는 '추진해 나가는 데'가 우리말의 원래 모습이다.

다만 "나는 집에 있어서 바깥일은 잘 모른다"에서의 '어서'는 이유나 근거를 나타내는 연결어미로 '집에 있기 때문에'란 뜻이다. "돈이 없어서[없기 때문에] 결혼도 못한다"에서의 '어서'와 같은 용법이며 위에서 얘기한 '~에 있어(서)'와는 다르다.

이처럼 사람·분야·행위·때를 막론하고 두루 쓰이는 '~에 있어(서)'는 글의 간결성을 떨어뜨리는 군더더기로 없어도

되거나 다른 말로 고쳐 쓸 수 있는 것이다. 일본식 표현인 '~
에 있어(서)'를 사용할 필요가 없다.

바르게 사용하기

그는 일에 있어서나 사랑에 있어 열정적이다

→ 일에나 사랑에

당신은 나에게 있어 존재의 의미입니다 → 나에게

마음이 열리지 못한 사람에게 있어 삶은

시련의 장일 수밖에 없다 → 사람에게

정치인에게 있어 가장 무서운 것은 국민의 심판이다

→ 정치인에게

논술을 공부함에 있어 이론은 그리 중요하지 않다

→ 공부함에

일을 추진해 나감에 있어 무엇보다 중요한 것은 믿음이다

→ 추진해 나가는 데

'느낌적인 느낌'은
그냥 느낌일 뿐

'~적'은 영어의 '~tic'을 번역하면서 시작된 말

우리말에서 '~적'이 사용된 것은 그리 오래되지 않았다고 한다. '~적(的)'은 본래 '~의' 뜻으로 쓰는 중국어 토씨로, 일본 사람들이 쓰기 시작한 것을 우리가 따라 쓰게 된 것이다. 일본에서도 메이지(明治·1867~1912) 시대 초기에 영어의 '~tic'을 번역하면서 처음으로 '~적'이란 말을 썼다고 한다. 영어의 '팬태스틱(fantastic)'을 '환상적'이라고 번역해 적는 방식이다. 이후로는 그동안 써온 '~식'이란 말 대신 '~적'이 많이 쓰이게 됐다고 한다. 우리나라에서는 개화기 잡지나 소설에서 처음으로 '~적'이 등장한다.

이렇게 해서 두루 쓰이게 된 '~적'이 일본에서 들어온 것이니 쓰지 말자고 얘기하려는 것은 아니다. 이미 오랫동안 써온 것으로 우리말의 일부분이 됐고 효용가치도 있으므로 적절하게 사용하면 된다. 문제는 '~적'을 마구 씀으로써 우리말의 다양한 어휘와 표현을 밀어내고 어색한 말을 만들어낸다는 점이다.

"그는 아버지의 말씀이라면 무조건적으로 따르고 있다" "인터넷은 시간적·공간적 제약이 없다" "통일은 민족사적 발전 과정에서 당연한 귀결이다"에서는 불필요하게 '~적'을 붙인 경우다. '무조건 따르고 있다' '시간·공간(의) 제약이 없다' '민족사 발전 과정에서'로 충분한 표현이다.

"영어로 말하기에 익숙해지면 자연적으로 듣는 데도 익숙해진다" "장난적인 답변은 사양합니다" "조화적인 색채 감각을 바탕으로 했다"에서는 '~스럽게' 또는 '~스러운' 등이 어울리는 자리에 '~적'을 사용한 것이다. '자연스럽게 듣는 데도 익숙해진다' '장난스러운 답변' '조화로운 색채 감각'으로 하는 것이 낫다.

"평범하지만 세상적인 길을 가고 있다" "부모는 자식에게 공감적으로 반응해야 한다"에서는 '세상적' '공감적'이란 단어가 갖는 의미를 언뜻 이해하기 어렵다. '평범하지만 세상적인 길'은 그냥 '평범한 길', '공감적으로'는 '공감하면서'

로 하는 것이 쉽고 뜻이 잘 통한다.

"몸적으로, 마음적으로 많은 준비를 하지 못했다"는 표현을 보면 '~적'이 얼마나 남용되고 있는지 느낄 수 있다. '육체적' '정신적'이란 표현은 몰라도 '몸적' '마음적'은 어설프다. 순우리말과는 '~적'이 특히 어울리지 않기 때문이다. '몸으로, 마음으로'라고 하면 될 것을 굳이 '~적'을 넣었다. 요즘은 '느낌적인 느낌'이란 말도 많이 쓰이고 있다. 가만히 생각해 보면 이것은 무의미한 언어유희(말장난)일 뿐이다. '~적'이란 표현을 줄여 써야 한다.

바르게 사용하기

무조건적으로 따르고 있다 → 무조건

인터넷은 시간적·공간적 제약이 없다 → 시간·공간 제약이

통일은 민족사적 발전 과정에서 당연한 귀결이다

→ 민족사 발전 과정에서

영어로 말하기에 익숙해지면 자연적으로 듣는 데도

익숙해진다 → 자연히

장난적인 답변은 사양합니다 → 장난스러운

조화적인 색채 감각을 바탕으로 했다 → 조화로운

욕심이 넘쳐서 과한
'갖다'

'갖다'는 'have'를 단순 번역한 듯한 표현인 경우 많아

번역투 표현으로 볼 수 있는 것 중에 '~를 가지다(갖다)' 형태가 있다. 우리말에서 잘 어울리는 다른 서술어가 있음에도 불구하고 '가지다' '갖다'를 남용하는 것은 영어의 'have+명사'를 '가지다' 또는 준말인 '갖다'로 단순 번역하는 데 익숙한 탓이라고 보는 사람이 많다.

"즐거운 시간 가지시기 바랍니다"가 대표적인 예로 "Have a good time"을 직역한 것이다. "즐거운 시간 보내시기 바랍니다"나 "즐겁게 보내시기 바랍니다"가 우리말에서 어울리는 표현이다. '가지다'는 소유의 개념 외에도 여러 가지

뜻을 지니고 있어 두루 쓸 수 있는 단어이긴 하다. 그러나 경우를 가리지 않고 마구 사용함으로써 어색한 문장을 만들어내고 있는 것이 문제다.

'기자회견을 갖다' '회담을 갖다' '집회를 갖다' '간담회를 갖다' 등은 '열다' '하다' '개최하다' 등이 어울리는 자리에 '갖다'를 쓴 경우다. 또 "우리 회사는 많은 협력업체를 가지고 있다" "나는 3만원을 가지고 있다" 등은 '있다'가 어울리는 자리에 '가지다'를 쓴 예다. "우리 회사에는 많은 협력업체가 있다" "나에게[나한테] 3만원이 있다"가 자연스럽다.

'가지다'를 남용하면 더욱 어색한 경우가 생길 수 있다. "나는 세 명의 가족을 가지고 있다" "그는 많은 친구를 가지고 있다" 등이 그런 예다. 가족이나 친구가 소유물이나 되는 듯한 표현이다. "나에게는 세 명의 가족이 있다" 또는 "우리 가족은 세 명이다" "그에게는 많은 친구가 있다" 또는 "그는 친구가 많다" 등이 자연스러운 표현이다.

말이 안 되는 경우도 있다. "오랜만에 즐거운 모임을 가졌다"가 그런 예다. 그대로 풀이하면 "오래도록 즐겁지 않은 모임이었는데 이번엔 즐거운 모임이었다"는 뜻이 된다. '모임을 가졌다'에 집착하다 보니 결과적으로 이런 문장이 나온다. "오랜만에 모여 즐거운 시간을 보냈다"로 해야 제대로 된 표현이다.

이처럼 '가지다(갖다)'를 남용함으로써 정상적인 우리말 표현 방식이 무너지고 있다. 상황에 따라 '열다' '있다' '하다' '보내다' 등 다른 적절한 단어로 바꾸어 쓰거나 우리말답게 문장을 재구성하는 것이 필요하다.

바르게 사용하기

즐거운 시간 가지시기 바랍니다 → 보내시기
- -
우리 회사는 많은 협력업체를 가지고 있다

→ 우리 회사에는 협력업체가 많다
- -
나는 3만원을 가지고 있다

→ 나에게는[나한테] 3만원이 있다
- -
좋은 생각을 가진 사람은 말해 보라 → 생각이 있는 사람은
- -
나는 세 명의 가족을 가지고 있다

→ 나에게는 세 명의 가족이 있다
- -

'~에 의해'는
대부분 없어도 된다

> '~에 의해' 남용

'~에 의해'는 영어의 'by~'에서 온 말

'~에 기초해' '~로 말미암아'의 뜻으로 쓰이는 '~에 의해'가 있다. 그러나 전혀 필요 없는 곳에 집어넣거나 다른 말이 어울리는 자리에 마구 사용하는 등 '~에 의해'를 남용하는 경향이 있다.

'~에 의(依)해'를 남용하게 된 것은 일본어에서 자주 나오는 '~니욧테(~に依って)' 또는 영어 수동태 문장의 'by~' 때문이라는 견해가 있다. "청소년들은 잘못된 교육에 의해 억눌려 스스로의 삶을 살 기회도 없이 상업 논리에 의해 지배받는 값싼 대중문화로 보상받고 있다"에서는 '의해'가 군더더

기이므로 빼고 '교육에 억눌려' '상업 논리에 지배받는'으로 해야 한다.

"친구들에 의해 소외당하고 있다" "적절한 교육에 의해 높은 소질을 키울 수 있다" "자연은 일정한 목적에 의해 움직이는 살아 있는 생물이다" "광고에 의해 자신의 욕구와 관계없는 제품을 구매하지는 않는다"에서는 각각 '친구들에게' '교육으로' '목적에 따라' '광고 때문에'가 어울린다.

더 큰 문제는 '~에 의해'를 사용하는 데 익숙하다 보니 영어의 'by'를 단순히 '~에 의해'로 번역해 우리말 체계와 다른 피동문을 만들어 낸다는 점이다. "The book was written by Dr. Choi"를 대부분 "그 책은 최 박사에 의해 쓰였다"로 번역한다. 그러나 능동문을 주로 사용하는 우리말로는 "최 박사가 그 책을 썼다"가 정상적인 표현이다.

이러다 보니 요즘은 '~에 의해'를 사용한 피동문을 흔히 볼 수 있다. "사회적 지위 이동은 교육에 의해 좌우된다" "정부에 의해 운영되던 사회복지시설이 지금은 대부분 민간에 의해 위탁 경영되고 있다" 등이 그런 예다. 능동문인 "교육이 사회적 지위 이동을 좌우한다" "정부가 운영하던 사회복지시설을 지금은 대부분 민간이 위탁 경영하고 있다"가 자연스럽다.

이래저래 '~에 의해'를 줄여 써야 한다. '~에 의한' '~에 의

172

하면'도 마찬가지다.

'~로부터'는 끝나는 지점이 있어야 한다

> '~로부터' 남용

영어 'from~' 때문에 익숙해진 '~로부터'

요즘 '~로부터'가 많이 쓰이고 있다. '~로부터'를 무의식적으로 마구 쓰는 것은 영어를 공부하면서 'from~'을 '~로부터', 'from~ to~'를 '~로부터 ~까지'로 단순 번역하는 데 익숙한 탓이라고 보는 사람이 많다. '~로부터 ~까지'를 뜻하는 일본어 '~카라 ~마데(~から ~まで)'의 영향을 받았다고 보는 사람도 있다. 연원이 어찌됐든 '~에서' 또는 '(사람·동물)에게서[한테서]' 등이 어울리는 자리에 '~로부터'를 남용하고 있는 것은 사실이다.

'~로부터'의 기원이나 쓰임새에 대해선 여러 견해가 있지만 '~로부터'는 "인생은 어디로부터 와서 어디로 가는가" "바퀴 달린 탈것은 마차로부터 고속철도까지 발전해 왔다" 처럼 유래나 구체적 출발점을 나타낼 때 잘 어울린다.

그러나 "그 업체는 한국으로부터 철수했다"에서는 '한국으로부터'보다 '한국에서'가 잘 어울린다. 특히 사람인 경우 "아버지로부터 재산을 물려받았다" "친구로부터 편지가 왔다"보다 "아버지에게서[한테서] 재산을 물려받았다" "친구에게서[한테서] 편지가 왔다"로 하는 것이 자연스럽다.

무턱대고 '~로부터'를 사용하지 말고 상황에 따라 '~에서' '~에게서[한테서]' 등 다른 적절한 단어로 바꿔 쓰는 노력이 필요하다.

바르게 사용하기

그 업체는 한국으로부터 철수했다 → 한국에서

아버지로부터 재산을 물려받았다

→ 아버지에게서[아버지한테서]

친구로부터 편지가 왔다 → 친구에게서[친구한테서]

모 기업으로부터 금품을 받았다 → 모기업에서

모 씨로부터 돈을 받았다 → 모 씨에게서

제 5주.

띄어쓰기 한 방에 정복하기

대학생과 직장인을 대상으로 조사한 결과 가장 헷갈리는 우리말로 띄어쓰기가 1위를 차지했다고 한다. 아마도 매일 글을 쓰는 기자들도 띄어쓰기가 가장 어렵다고 답하지 않을까 생각된다. 아무리 노력을 기울여도 알쏭달쏭한 띄어쓰기가 한둘이 아니다.

띄어쓰기를 하는 이유는 단어들로 엮어진 문장 속에서 잠깐 멈추는 시간을 줌으로써 읽기 쉽게 하기 위함이다. 또한 의미의 단락을 구분함으로써 뜻을 명확하게 하기 위함이다. 따라서 띄어쓰기를 철저히 해야 읽기 편하고 의미를 파악하기 쉬운 글이 된다.

그러나 우리말의 띄어쓰기 규정이 복잡하면서도 예외 규정이 많아 일반인이 완벽하게 구사하기는 쉽지 않다. 특히 일부 단어는 쓰임새(뜻)에 따라 의존명사가 되기도 하고 조사나 어미가 되기도 해 그때마다 띄어쓰기를 달리해야 한다. 어려운 만큼 띄어쓰기를 철저하게 하면 남보다 좋은 평가를 받을 수 있다.

1. 띄어쓰기의
기본 원칙

조사는 그 앞말에 붙여 쓴다.

꽃이/ 꽃마저/ 꽃밖에/ 꽃에서부터/ 꽃으로만/ 꽃이나마/

꽃이다/ 꽃입니다/ 꽃처럼/ 어디까지나/ 거기도/ 멀리는/

웃고만

의존 명사는 띄어 쓴다.

아는 것이 힘이다.

나도 할 수 있다.

먹을 만큼 먹어라.

아는 이를 만났다.

네가 뜻한 바를 알겠다.

그가 떠난 지가 오래다.

단위를 나타내는 명사는 띄어 쓴다.

한 개/ 차 한 대/ 금 서 돈/ 소 한 마리/ 옷 한 벌/ 열 살/ 조기 한 손/ 연필 한 자루/ 버선 한 죽/ 집 한 채/ 신 두 켤레/ 북어 한 쾌/

다만, 순서를 나타내는 경우나

숫자와 어울리어 쓰이는 경우에는 붙여 쓸 수 있다.

두시 삼십분 오초/ 제일과/ 삼학년/ 육층/ 1446년 10월 9일/ 2대대/ 16동 502호/ 제1실습실/ 80원/ 10개/ 7미터

두 말을 이어 주거나 열거할 적에 쓰이는

다음의 말들은 띄어 쓴다.

국장 겸 과장/ 열 내지 스물/ 청군 대 백군/ 책상·걸상 등이 있다.

이사장 및 이사들/ 사과·배·귤 등등/ 사과·배 등속/ 부산·광주 등지

단음절로 된 단어가 연이어 나타날 적에는 붙여 쓸 수 있다.

그때 그곳/ 좀더 큰것/ 이말 저말/ 한잎 두잎

불이 꺼져 간다/ 불이 꺼져간다.

내 힘으로 막아 낸다/ 내 힘으로 막아낸다.

어머니를 도와 드린다/ 어머니를 도와드린다.

그릇을 깨뜨려 버렸다/ 그릇을 깨뜨려버렸다.

비가 올 듯하다/ 비가 올듯하다.

그 일은 할 만하다/ 그 일은 할만하다.

일이 될 법하다/ 일이 될법하다.

비가 올 성싶다/ 비가 올성싶다.

잘 아는 척한다/ 잘 아는척한다.

잘도 놀아만 나는구나!/ 책을 읽어도 보고…/ 네가 덤벼 들어 보아라./ 이런 기회는 다시없을 듯하다./ 그가 올 듯 도 하다./ 잘난 체를 한다.

2. 호칭·고유명사의 띄어쓰기

성과 이름·성과 호 등은 붙여 쓰고,
이에 덧붙는 호칭어·관직명 등은 띄어 쓴다.

김양수(金良洙)/ 서화담(徐花潭)/

채영신 씨/ 홍길동 씨/ 홍 씨/ 길동 씨

김철수 군/ 김 군/ 철수 군

박선영 양/ 박 양/ 선영 양

김선숙 옹/ 김 옹

민수철 교수/ 민 교수

총장 정영수 박사/ 율곡 이이/ 백범 김구

사 사장(史社長)/ 여 여사(呂女史)/ 황희 정승

최치원 선생/ 박동식 박사/ 충무공 이순신 장군

다만, 성과 이름, 성과 호를
분명히 구분할 필요가 있을 경우에는 띄어 쓸 수 있다.

남궁억/남궁 억, 독고준/독고 준

황보지봉(皇甫芝峰)/황보 지봉

성명 이외의 고유명사는 단어별로 띄어 씀을
원칙으로 하나 단위별로 띄어 쓸 수 있다.

대한 중학교/ 대한중학교

한국 대학교 사범 대학/ 한국대학교 사범대학

전문용어는 단어별로 띄어 씀을
원칙으로 하나 붙여 쓸 수 있다.

만성 골수성 백혈병/ 만성골수성백혈병

중거리 탄도 유도탄/ 중거리탄도유도탄

3. 쓰임새에 따라
띄어쓰기를 달리하는 것들

조사나 어미는 앞말에 붙여 쓰고 의존명사는 띄어 쓴다고
돼 있지만, '~지' '~데' '~바' 등은 쓰임새에 따라 조사나 어미
가 되기도 하고 의존명사가 되기도 한다. 쓰임새에 따라 띄
었다 붙였다 해야 하므로 각 경우를 알고 있어야 한다. 다음
열 가지는 자주 쓰면서도 흔히 틀리는 것이다.

1) 지

시간을 나타낼 때는 의존명사로 띄어 쓴다.

그를 만난 지도 꽤 오래되었다.

집을 떠나 온 지 어언 3년이 지났다.

강아지가 집을 나간 지 사흘 만에 돌아왔다.

그 사람이 누군지 아무도 모른다.

얼마나 부지런한지 세 사람 몫의 일을 해낸다.

아버님, 어머님께서도 안녕하신지.

2) 데

그가 사는 데는 여기서 한참 멀다.

그 책을 다 읽는 데 삼 일이 걸렸다.

그 사람은 오직 졸업장을 따는 데 목적이 있다.

이 그릇은 귀한 거라 손님 대접하는 데나 쓴다.

여기가 우리 고향인데 인심 좋고 경치 좋은 곳이지.

날씨가 추운데 외투를 입고 나가거라.

그 사람이 정직하기는 한데 이번 일에는 적합지 않다.

저분이 그럴 분이 아니신데 큰 실수를 하셨다.

오늘 날씨가 정말 추운데.

어머님이 정말 미인이신데.

3) 바

각자 맡은 바 책임을 다하라.

어찌할 바를 모르고 쩔쩔맸다.

어차피 매를 맞을 바에는 먼저 맞겠다.

이렇게 억지 부릴 바에는 다 그만두자.

서류를 검토한바 몇 가지 미비한 사항이 발견되었다.

우리의 나아갈 바는 이미 정해진바 우리는 이제 그에 따를 뿐이다.

그는 나와 동창인바 그를 잘 알고 있다.

너의 죄가 큰바 응당 벌을 받아야 한다.

4) 대로

사로 띄어 쓴다.

본 대로 들은 대로 이야기를 해봐라.

예상했던 대로 시험 문제가 까다로웠다.

그 둘의 애정은 식을 대로 식었다.

될 수 있는 대로 빨리 와라.

(명사 뒤에 붙어) 앞에 오는 말에 근거하거나 달라짐이 없음을 나타내는 보조사와 따로따로 구별됨을 나타내는 보조사일 때는 붙여 쓴다.

처벌하려면 법대로 해라.

큰 것은 큰 것대로 따로 모아 둬라.

너는 너대로 나는 나대로 서로 상관 말고 살자.

5) 밖

어떤 선이나 금을 넘어선 쪽, 겉이 되는 쪽, 일정한 한도나 범위에 들지 않는 나머지 다른 부분·일 등을 나타낼 때는 명사로 띄어 쓴다.

이 선 밖으로 물러나 기다리시오.

어머니는 동구 밖에까지 따라 나오며 우리를 배웅하셨다.

그녀는 기대 밖의 높은 점수를 얻었다.

예상 밖으로 일이 복잡해졌다.

'그것 말고는'의 뜻을 나타낼 때는 조사로 붙여 쓴다. 이 경우 반드시 뒤에 부정을 나타내는 말이 따른다.

그는 공부밖에 모른다.

하나밖에 남지 않았다.

나를 알아주는 사람은 너밖에 없다.

가지고 있는 돈이 천 원밖에 없었다.

6) 뿐

(어미 '~을' 뒤에 쓰여) 다만 어떠하거나 어찌할 따름이라는 뜻을 나타낼 때는 의존명사로 띄어 쓴다.

소문으로만 들었을 뿐이네.

그는 웃고만 있을 뿐이지 싫다 좋다 말이 없다.

모두들 구경만 할 뿐 누구 하나 거드는 이가 없었다.

('~다 뿐이지' 구성으로 쓰여) 오직 그렇게 하거나 그러하다는 것을 나타내는 말일 때도 의존명사로 띄어 쓴다.

이름이 나지 않았다 뿐이지 참 성실한 사람이다.

시간만 보냈다 뿐이지 한 일은 없다.

(명사나 부사어 뒤에 붙어) '그것만이고 더는 없음' 또는 '오직 그렇게 하거나 그러하다는 것'을 나타낼 때는 보조사로 붙

여 쓴다.

이제 믿을 것은 오직 실력뿐이다.

그 아이는 학교에서뿐만 아니라 집에서도 말썽꾸러기였다.

그는 가족들에게뿐만 아니라 이웃들에게도 언제나 웃는
얼굴로 대했다.

7) 만

(주로 '만에' '만이다' 꼴로 쓰여) 시간, '~동안'을 나타내는 말일
때는 의존명사로 띄어 쓴다.

도착한 지 두 시간 만에 떠났다.

그때 이후 삼 년 만이다.

도대체 이게 얼마 만인가.

앞말이 뜻하는 동작이나 행동에 타당한 이유가 있음을 나
타내는 말일 때도 의존명사로 띄어 쓴다.

그가 화를 낼 만도 하다

듣고 보니 좋아할 만은 한 이야기다.

그냥 모르는 척 살 만도 한데 말이야.

그가 그러는 것도 이해할 만은 하다.

한정을 나타내거나 강조하는 뜻일 때는 보조사로 붙여 쓴다.

하루 종일 잠만 잤더니 머리가 띵했다.

그를 만나야만 모든 문제가 해결될 수 있다.

열 장의 복권 중에서 하나만 당첨돼도 바랄 것이 없다.

8)만큼

앞의 내용에 상당하는 수량이나 정도임을 나타내는 말일
때는 의존명사로 띄어 쓴다.

노력한 만큼 대가를 얻게 마련이다.

사용한 만큼 돈을 내면 된다.

방 안은 숨소리가 들릴 만큼 조용했다.

뒤에 나오는 내용의 원인이나 근거가 됨을 나타내는 말일
때도 의존명사로 띄어 쓴다.

어른이 심하게 다그친 만큼 그의 행동도 달라져 있었다.

까다롭게 검사하는 만큼 준비를 철저히 해야 한다.

(주로 명사 뒤에 붙어) 앞말과 비슷한 정도나 한도임을 나타
낼 때는 보조사로 붙여 쓴다.

명주는 무명만큼 질기지 못하다.

공부만큼은 남에게 뒤지지 않는다.

부모님에게만큼은 잘해 드리고 싶었는데!

9) 간(間)

한 대상에서 다른 대상까지의 사이나 관계를 나타낼 때는 의존명사로 띄어 쓴다.

고속철을 타면 서울과 부산 간에 2시간40분이 걸린다.

부모와 자식 간에도 예의를 지켜야 한다.

앞에 나열된 말 가운데 어느 쪽인지를 가리지 않는다는 뜻일 때도 의존명사로 띄어 쓴다.

공부를 하든지 운동을 하든지 간에 열심히만 해라.

(기간을 나타내는 일부 명사 뒤에 붙어) '동안'의 뜻을 나타낼 때는 접미사로 붙여 쓴다.

이틀간, 한 달간, 30일간, 2년간

10) 망정

괜찮거나 잘된 일이라는 뜻을 나타내는 말일 때는 의존명사로 띄어 쓴다.

엄마가 바로 옆에 있었으니까 망정이지 하마터면 아기가 크게 다칠 뻔했다.

(주로 'ㄹ' 받침인 용언의 어간에 붙어) 앞 절의 사실을 인정하

고 뒤 절에 그와 대립되는 다른 사실을 이어 말할 때에는 연결어미로 붙여 쓴다.

시골에서 살망정 세상 물정을 모르지는 않는다.

우리 학교는 규모가 작을망정 역사는 오래됐다.

시험에 떨어질망정 남의 것을 베끼지는 않겠다.

4. 기타 헷갈리는
띄어쓰기

일반적으로는 맞춤법 규정에 따라 띄어쓰기를 하면 되지만, '보잘것없다'와 같이 전체가 한 단어로 굳어져 붙여 쓰는 경우가 있다. '~커녕' '~는(은)커녕'처럼 띄어 쓰는 것으로 생각하기 쉬우나 항상 붙여 쓰는 단어도 있다.

> '안'은 '안 간다' '안 먹는다' '안 된다'처럼 띄어 쓰지만, 일·현상이 좋게 이뤄지지 않거나 사람이 훌륭하게 되지 못함을 뜻하는 '안되다'('잘되다'의 반대 개념)는 한 단어로 붙여 쓴다.

학교에 지각하면 안 된다.(일반적인 경우)

장사가 너무 안된다.('잘되다'의 반대)

자식이 안되기를 바라는 부모가 어디 있겠는가.('잘되다'
의 반대)

'못'은 '못 간다' '못 말린다' 등과 같이 띄어 쓰지만, '못하다'
는 한 단어로 붙여 쓴다.

담배는 피우지만 술은 못한다.

노래를 못한다. / 공부를 못한다.

말을 잊지 못했다.

'못'이 '되다'와 결합하는 경우 성질·품행이 좋지 않거나 일
이 뜻대로 되지 않음을 나타낼 때는 '못되다'가 한 단어다.

전철역까지의 거리가 1km도 채 못 된다.(일반적인 경우)

못된 심보다. 못된 짓만 골라 한다.(성질·품행)

못된 게 남의 탓이냐. 잘된 일인지, 못된 일인지 누가 알
겠는가.(일이 뜻대로 되지 않음)

'동안'은 '3시간 동안, 사흘 동안' 등과 같이 띄어 쓰는 것
이 원칙이나 '그동안' '오랫동안' '한동안'은 한 단어로 붙
여 쓴다.

그동안 연락이 없어 무척 궁금했다.

그 여학생을 오랫동안 먼발치에서 혼자 좋아해 왔다.

무거운 침묵이 한동안 계속됐다.

'만'이 시간이나 '~동안'을 나타낼 때는 '하루 만에'처럼 띄어 쓰지만 '오래간만에'와 준말인 '오랜만에'는 한 단어로 붙여 쓴다.

정말 오래간만에 비가 내렸다.

어제는 오랜만에 친구들을 만나 한잔했다.

'~커녕' '~는(은)커녕'은 띄어 쓰는 것으로 생각하기 쉬우나 모두 붙여 쓴다.

밥커녕 죽도 못 먹는다.

그 녀석 고마워하기는커녕 아는 체도 않더라

'~ㄴ즉'은 '~ㄴ 즉'과 같이 띄어 쓰기 쉬우나 보조사 또는 연결어미로 붙여 쓴다.

글씬즉 악필이다. / 이야긴즉 옳다.(보조사)

말씀인즉 지당하지만 그대로 하기는 어렵습니다.(연결어미)

쉽게 풀어 쓴 책인즉 이해하기가 쉬울 것이다.(연결어미)

'내 것' '네 것' '언니 것' 등 '것'은 일반적으로 띄어 쓰나, '이것' '저것' '이것저것' '요것' '그것' '고것' '아무것' 등은 한 단어로 붙여 쓴다.

이것저것 다 해 봤지만 별 수 없었다.

그것은 거기다 내려놓고 빈손으로 이리 오게.

그는 살아남기 위해 아무것이나 닥치는 대로 일했다.

'것을'의 준말인 '걸'은 띄어 쓰지만, 추측이나 미련을 나타
내는 '~걸'은 붙여 쓴다.

아직 멀쩡한 걸 왜 버리느냐? ('것을'의 준말)

그 친구는 내일 미국으로 떠날걸. (추측)

내가 잘못했다고 먼저 사과할걸. (미련)

'것이'의 준말인 '게'는 띄어 쓰지만, 약속을 나타내는 '~
ㄹ게'는 붙여 쓴다.

저기 보이는 게 우리 집이다. ('것이'의 준말)

내일 갈게. 다시 연락할게. (약속)

'중'은 '둘 중' '이 중' 등과 같이 띄어 쓰지만 '그중'은 한 단어
로 붙여 쓴다.

책을 세 권 샀는데 그중에 한 권이 파본이다.

'달'은 '한 달' '두 달' '이번 달' 등과 같이 띄어 쓰지만 '그달'

'이달'은 한 단어로 붙여 쓴다.

그들은 3월 초에 처음 만나서 그달 말에 약혼했다.

이달 들어 기온이 급격히 올라갔다.

'번'은 일의 차례나 횟수를 나타낼 때는 띄어 쓰지만, '시험 삼아 시도하다' '어떤 때' '행동의 강조'를 나타낼 때는 한 단어로 붙여 쓴다.

두 번 중 한 번은 실패했다.(일의 횟수)

제대로 한번 해 보자.(시험 삼아 시도하다)

우리 집에 한번 놀러 오세요.(어떤 때)

말 한번 시원하게 잘했다.(행동의 강조)

'이 같은'은 두 단어로 띄어 쓰고, '이같이'는 한 단어로 붙여 쓴다. 그러나 '똑같다'는 단어에서 나온 '똑같은'과 '똑같이'는 붙여 쓴다.

이 같은 일이 벌어지리라고는 아무도 알지 못했다.

선생님이 이같이 화를 내시는 모습을 본 적이 없었다.

매일 똑같은 생활을 되풀이하고 있다.

우리는 똑같이 졸업반이다.

'가지 않다' '먹지 않다' 등 '~지 않다'는 보통 두 단어로 띄어 쓰지만, '마지않다' '머지않다' '못지않다'는 한 단어로 붙여 쓴다.

그분은 내가 존경해 마지않는 분이다.

머지않아 좋은 소식이 올 것이다.('멀지 않아'는 두 단어로 띄어 씀)

그는 화가 못지않게 그림을 잘 그린다.

'보잘것없다' '하잘것없다' '온데간데없다' '올데갈데없다' '얼토당토않다(얼토당토아니하다)'는 전체가 한 단어로 모두 붙여 쓴다.

보잘것없는 수입이지만 저는 이 일이 좋습니다.

하잘것없는 일로 형제끼리 다투어서야 되겠는가.

선거 때의 장밋빛 공약은 온데간데없다.

현대 핵가족 생활에서 노인은 올데갈데없다.

소문은 얼토당토않은 데서부터 시작됐다.

'~ㄹ텐데' '~ㄹ테야'는 한 단어로 생각하고 붙여 쓰기 쉬우나 '텐데'는 '터인데', '테야'는 '터이야'의 준말이므로 띄어 쓴다.

선생님이 아시면 크게 화내실 텐데.(←화내실 터인데)

누가 뭐라고 하든 내 마음대로 할 테야.(←할 터이야)

새것·새집·새살림·새잎·새색시·새댁

큰돈·큰손·큰길·큰절·큰비·큰물·큰불·큰집·큰아버지·
큰아들

작은방·작은창자·작은집·작은형·작은아들·작은마누라

그녀와 보냈던 지난날의 추억을 잊을 수 없다.

월말 고사 성적이 지난달보다 올랐다.

지난겨울에는 유독 눈이 많이 내렸다.

올여름은 지난해보다 훨씬 덥다.

제 6 장

외래어 표기법

외국어(외래어)는 어떻게 표기해야 할까? 현지 발음을 그대로 옮겨 적으면 될까? 각국의 언어를 우리말로 옮겨 적는 것은 쉬운 일이 아니다.

우리말을 맞춤법에 맞게 적어야 하듯이 외래어도 표기법에 맞게 써야 한다. 만약 외래어를 적는 규칙이 없다면 저마다 달리 적어 중구난방이 될 가능성이 크다. 외래어 표기에 대한 최소한의 이해도 없이 나름대로 현지 발음에 가깝게 적다 보면 우스꽝스러운 표기가 나올 수도 있다.

외래어 표기법은 외국어 또는 외래어를 우리 글자로 어떻게 적을지를 규정해 놓은 것이다. 우리말의 발음 구조에 맞는 한국적 표기 방식을 정해 놓은 것이기 때문에 현실(현지) 발음과 차이가 나는 부분이 있다. 그러다 보니 불만을 제기하는 사람도 간혹 나온다.

일반인이 이 규정에 따라 외래어를 정확하게 표기하기는 쉽지 않다. 그러나 외래어 표기의 기본 원칙을 어느 정도 알고 있으면 도움이 되므로 여기에서는 꼭 기억해야 할 몇 가지를 소개한다.

1. 외래어
표기 원칙

1)된소리(ㄲ,ㄸ,ㅃ,ㅆ,ㅉ)를 쓰지 않는다

된소리(ㄲ,ㄸ,ㅃ,ㅆ,ㅉ)를 쓰지 않는 것을 원칙으로 한다.

광뚱→광둥, 까레이스키→카레이스키

까페→카페, 떼제베→테제베

르뽀→르포, 빠떼르→파르테르

빠리→파리, 삿뽀로→삿포로

싸이클→사이클, 쌩큐→생큐

씨스템→시스템, 에뻬→에페

짤츠부르크→잘츠부르크

2)받침에는 'ㄱ,ㄴ,ㄹ,ㅁ,ㅂ,ㅅ,ㅇ'만 쓴다

굳모닝→굿모닝, 디스켙→디스켓

라켙→라켓, 스크랲→스크랩

옾셑→오프셋, 커피숖→커피숍

케잌→케이크

3)현지음을 원칙으로 한다

외래어는 외국에서 온 말이므로 가능한 한 현지 발음을
그대로 살려 원음에 가깝게 적는다.

나레이터→내레이터, 나쇼날→내셔널

다이나마이트→다이너마이트, 래디칼→래디컬

리오데자네이로→리우데자네이루, 맘모스→매머드

산타바바라→샌타바버라, 세느→센

영란(英蘭)은행→잉글랜드 은행

이태리(伊太利)→이탈리아, 칸느→칸

• 영어식 발음은 현지음으로 바꿔 쓴다.

비엔나(영어)→빈(오스트리아)

베니스(영어)→베네치아(이탈리아)

사이프러스(영어) → 키프로스(지중해 동부의 공화국)

카탈로니아(영어) → 카탈루냐(에스파냐 북동부의 지명)

코카서스(영어) → 카프카스(흑해와 카스피해 사이에 있는 지역)

플랜더스(영어) → 플랑드르(프랑스 북서단부에서 벨기에 서부에 이르는 지방)

허큘리스(영어·유도탄) → 헤라클레스(그리스 신화에 나오는 영웅)

4)장모음의 장음은 따로 적지 않는다

도오쿄(東京) → 도쿄, 루우트(route) → 루트

무우드(mood) → 무드, 스키이(skee) → 스키

오오사카(大阪) → 오사카, 키이퍼(keeper) → 키퍼

티임(team) → 팀

5)중모음 '오우[ou]'는 '오'로 적는다

레인보우(rainbow) → 레인보, 보우트(boat) → 보트

스노우(snow) → 스노, 애로우(arrow) → 애로

옐로우(yellow) → 옐로, 윈도우(window) → 윈도

6)영어의 경우 어말의 '쉬[ʃ]'는 '시'로, 자음 앞의 '쉬[ʃ]'는 '슈'로 적는다

내쉬빌(Nashville) → 내슈빌, 쉬러브(shrub) → 슈러브

쉬림프(shrimp) → 슈림프, 잉글리쉬(english) → 잉글리시

플래쉬(flash) → 플래시, 피쉬(fish) → 피시

7)어말의 '취[tʃ]'는 '치'로 적는다

스위취(switch) → 스위치, 캐취(catch) → 캐치

티취(teach) → 티치, 패취(patch) → 패치

8)'ㅈ,ㅊ' 발음이 모음 앞에서 '쟈, 져, 쥬, 챠, 츄'로 될 때는
'자,저, 주, 차, 추'로 적는다

비젼(vision) → 비전, 스케쥴(schesule) → 스케줄

쥬스(juice) → 주스, 챠지(charge) → 차지

챠트(chart) → 차트, 츄잉(chewing) → 추잉

9)한자권 외국의 인명 표기

한자권 외국의 인명 표기는 다음을 따른다.

• 중국 인명은 과거인과 현대인을 구분(1911년 신해혁명 기준)
  해 과거인은 우리식 한자음대로 표기하고, 현대인은 원음
  을 따라 표기하되 처음에 한해 한자를 괄호 속에 병기한다.

과거인 : 공자(孔子), 노자(老子), 장자(莊子), 제갈량(諸葛亮)

현대인 : 덩샤오핑(鄧小平), 저우언라이(周恩來), 시진핑(習

近平)

- 일본 인명은 과거와 현대 구분 없이 원음을 따라 표기하는 것
  을 원칙으로 하되 처음에 한해 한자를 괄호 속에 병기한다.

가토 기요마사(加藤淸正), 고이즈미 준이치로(小泉純一郎)

후쿠다 야스오(福田康夫), 기시다 후미오(岸田文雄)

10) 기타 외국의 인명 표기

기타 외국 인명은 원음만 적고 로마자를 병기하지 않는
것을 원칙으로 한다.

블라디미르 푸틴, 조 바이든,

볼로디미르 젤렌스키, 리시 수낵

- 단, 널리 알려지지 않은 인물이나 노벨상 수상자 소개 등 필
  요할 경우 괄호 속에 로마자를 병기할 수 있다.

월레 소잉카(Wole Soyinka) : 1986년 노벨 문학상 수상자

대니얼 카너먼(Daniel Kahneman) : 2002년 노벨 경제학상 수상자

11) 한자권 외국의 지명 표기

한자권 외국의 지명은 원음을 따르되 처음에 한해 괄호 속에 한자를 병기한다.

베이징(北京), 상하이(上海), 광둥(廣東)
도쿄(東京), 교토(京都), 고베(神戶), 오사카(大阪)
타이베이(臺北), 가오슝(高雄), 타이중(臺中)

12) 기타 외국의 지명 표기

기타 외국의 지명은 원음을 따라 적고 로마자는 병기하지 않는 것을 원칙으로 한다.

워싱턴, 로마, 런던, 밴쿠버, 취리히, 카이로, 바그다드

· 단, 고유명사의 번역명이 통용되는 경우나 관용되고 있는 지명은 이를 허용한다.

태평양(←Pacific Ocean), 흑해(←Black Sea),

남미(← 南America)

13) 제목에서 관용되는 국명 표기

제목에서 관용되고 있는 국명 표기를 허용한다.

그리스(希) 네덜란드(和) 오스트리아(墺) 이집트(埃)

이탈리아(伊) 캐나다(加) 포르투갈(葡) 폴란드(波)

14) 원어와 관련한 띄어쓰기

원어에서 띄어 쓴 말은 띄어 쓴 대로 한글 표기를 하되 붙여 쓸 수도 있다(그러나 일반적으로 한 단어로 취급해 붙여 쓰는 쪽을 따르고 있음).

Buenos Aires 부에노스 아이레스/ 부에노스아이레스

Los Angeles 로스 앤젤레스/ 로스앤젤레스

mass media 매스 미디어/ 매스미디어

Salt Lake City 솔트 레이크 시티/ 솔트레이크시티

top class 톱 클래스/ 톱클래스

15) 외국어 약어 표기

약어는 우리말 풀이 다음 괄호 안에 넣는다.

경제협력개발기구(OECD) / 국내총생산(GDP)

국민총생산(GNP) / 국제올림픽위원회(IOC)

미 연방수사국(FBI) / 미 중앙정보국(CIA)

석유수출국기구(OPEC)

아시아·태평양경제협력체(APEC)

유럽연합(EU)/유전자변형식품(GMO)

• 약어는 문장에서 처음 나올 때 위의 형태로 표기하고 뒤에
  서는 OPEC, EU, CIA 등으로 받는다.

유럽연합(EU) 집행위원회는 지난해 마련된 유전자변형
식품(GMO) 관련 규정을 이행하지 않고 있는 11개 회원국
정부를 유럽사법재판소에 제소키로 했다고 15일 발표했
다. EU 집행위가 제소키로 결정한 국가들은 GMO 승인
을 5년간 유예하는 조치를 철폐하지 않고 있어 결과적으
로 GMO에 대한 환경실험과 라벨 표시를 시행토록 규정
한 해당 법률을 위반하고 있다.

• 단, 약어 발음이 우리말로 굳은 것은 로마자 표기를 하지
  않아도 된다.

유엔/ 에이즈/ 동남아국가연합(아세안)

유엔아동기금(유니세프)/ 북대서양조약기구(나토)

16)외래어 표기의 예외

이러한 원칙에도 불구하고 예외가 많다. 이미 굳어져 널리 쓰이는 것은 관용으로 인정하거나 잘못된 표기일지라도 상호·상품명은 고유명사로 취급해 인정하다 보니 혼란스러운 점이 있다.

이미 굳어져 관용으로 인정하는 것

레이디오(radio) → 라디오, 마들(model) → 모델

바이애그러(Viagra) → 비아그라

바이터민(vitamin) → 비타민

캐머러(camera) → 카메라

· 된소리를 쓰지 않는 것을 원칙으로 하나 중국어의 '쓰, 쯔', 일본어의 '쓰(ㄱ)'는 예외

마오쩌둥, 미쓰비시, 쓰나미, 쓰시마, 쓰촨, 자오쯔양

· 된소리를 쓰지 않는 것을 원칙으로 하나 베트남·태국·말레

이인도네시아어에도 예외를 적용(2004년 개정)

나트랑→냐짱, 파통→빠똥
푸켓→푸껫, 호치민→호찌민

상호·상품명을 고유명사로 인정하는 것들
구치→구찌, 니나리치→니나리찌
맥도널드→맥도날드, 모터롤러→모토로라
바이에르→바이엘, 소나타→쏘나타(자동차 이름)
시티은행→씨티은행, 파이저→화이자

- '베네치아'가 표기 원칙이나 '베니스 영화제' '베니스 비엔
  날레'는 관용으로 인정
- 영어식의 '필로폰' '파친코'를 일본음인 '히로뽕' '빠찡꼬'로
  도 수용

제 7 장.

복습 문제 풀이 및 정답

총 100 문항

지금까지 나온 내용을 정리하고 복습하는 의미에서 각 항목의 순서대로 문제를 만들어 보았다. 마지막으로 문제를 풀어 보면서 자신의 점수를 확인하는 것도 재미가 있으리라 생각한다. 총 100개 문항으로 90개 이상 맞히면 '매우 우수', 80개 이상이면 '우수', 70개 이상이면 '양호'라 볼 수 있다.

총 문항수 100개

정답 90개 이상 : 매우 우수
정답 80개 이상 : 우수
정답 70개 이상 : 양호

제1장
맞춤법의 기본 원칙

1. **다음 중 두음법칙과 관련해 틀린 말을 고르시오.**

ㄱ 여자 ㄴ 연도 ㄷ 남여 ㄹ 행렬

2. **다음 중 표기가 잘못된 것을 고르시오.**

ㄱ 결산년도 ㄴ 2023년도 ㄷ 공염불 ㄹ 신년도

3. **다음 중 사이시옷이 잘못 사용된 것은?**

ㄱ 세뱃돈 ㄴ 인삿말 ㄷ 나뭇가지 ㄹ 전셋집

4. **다음 중 '오' '요'와 관련, 바른 표현을 고르시오.**

ㄱ 이것은 책이요 ㄴ 어명이요

ㄷ 어쩐 일이요? ㄹ 그것이 아니오

5. **'이' '히'와 관련해 잘못된 표현을 고르시오.**

ㄱ 곰곰이 ㄴ 일일이 ㄷ 분명히 ㄹ 솔직이

6. 다음 괄호 안에 각각 들어갈 말로 적절한 것은?

( ) 동해안으로 ( )를 다녀왔다.

㉠ 구지 ― 해도지 ㉡ 구지 ― 해돋이
㉢ 굳이 ― 해도지 ㉣ 굳이 ― 해돋이

7. 다음 중 바른 표기를 고르시오.
㉠ 섭섭치 ㉡ 익숙치 ㉢ 참석키로 ㉣ 생각건대

8. 다음 중 밑줄 친 부분의 표기가 바른 것을 고르시오.
㉠ 좋은 작품 선뵈 ㉡ 다시 뵀으면 합니다
㉢ 내일 봬요 ㉣ 만나 뵈 반갑습니다

9. 다음 중 바른 표기를 고르시오.
㉠ 아지랑이 ㉡ 가재미 ㉢ 손잽이 ㉣ 풋나기

10. 다음 중 표기가 잘못된 것을 고르시오.
㉠ 허락 ㉡ 승락 ㉢ 수락 ㉣ 쾌락

제2장
비슷한 말 구분하기

1. 다음 중 '되' '돼'가 바르게 표기된 것을 고르시오.

　㉠ 얼른 가야 되　　㉡ 그렇게 하면 안 돼죠

　㉢ 일이 잘 돼면 좋겠다　　㉣ 커서 의사가 되고 싶다

2. 다음 중 '웬' '왠'이 바르게 표기된 것을 고르시오.

　㉠ 웬지 기분이 우울하다　　㉡ 왠 걱정이 그렇게 많아

　㉢ 이게 왠일이냐　　㉣ 왠지 이유를 모르겠다

3. 다음 중 '든' '던'이 바르게 표기된 것을 고르시오.

　㉠ 얼마나 웃기든지 배꼽을 잡았다

　㉡ 사과던지 배던지 아무 것이나 좋다

　㉢ 선생님께서 기뻐하시던?

　㉣ 얼마나 술을 먹었든지 아무 기억도 안 난다

4. 다음 중 '안' '않'이 바르게 표기된 것을 고르시오.

　㉠ 말을 않 하고 떠났다　　㉡ 철수가 밥을 않 먹는다

ⓒ 별로 기쁘지 안다   ② 일이 생각만큼 쉽지 않았다

5. **다음 중 '로써' '로서'가 바르게 사용된 것은?**

   ⓐ 그것은 교사로써 할 일이 아니다

   ⓑ 말로서 천냥 빚을 갚는다

   ⓒ 대화로서 갈등을 풀 수 있을까

   ② 나로서는 최선을 다했다

6. **다음 중 '율' '률'과 관련해 바른 표기를 고르시오.**

   ⓐ 출산률   ⓑ 이자률   ⓒ 물가상승률   ② 수익율

7. **다음 중 '에' '에게'와 관련해 바른 표기를 고르시오.**

   ⓐ 부모님에 꾸중을 들었다

   ⓑ 재수없이 개에게 물렸다

   ⓒ 관계부처에게 시정을 지시했다

   ② 사흘마다 꽃에게 물을 줘야 한다

8. **다음 중 '가리키다' '가르치다'가 바르게 쓰인 것은?**

   ⓐ 진실한 사람이 돼야 한다고 가리키셨다

   ⓑ 그녀에게 운전을 가리켰다

   ⓒ 손가락으로 북쪽을 가리켰다

ㄹ 시곗바늘이 오후 5시를 가르치고 있었다

9. 다음 중 '결재' '결제'가 바르게 쓰인 것은?

ㄱ 대금을 결재했다   ㄴ 보고서 결제를 올렸다

ㄷ 서류 결제를 받았다   ㄹ 카드 결제가 밀렸다

10. 다음 중 '부문' '부분'이 바르게 쓰인 것은?

ㄱ 여러 부분에서 상을 받았다

ㄴ 신인상 부분에서 수상했다

ㄷ 일정 부문 책임이 있다

ㄹ 중화학 부문이 산업을 이끌었다

11. "그 사람 곧 결혼한데"와 "그 사람 곧 결혼한대"의 차이점으로 바른 것은?

ㄱ 직접 들은 것 ― 다른 사람에게서 들은 것

ㄴ 다른 사람에게서 들은 것 ― 직접 들은 것

ㄷ 둘 다 직접 들은 것

ㄹ 둘 다 다른 사람에게서 들은 것

12. '새' 또는 '세'가 바르게 표기된 것은?

ㄱ 금세 사랑이 식어버렸다

ⓛ 요세 부쩍 잠이 오질 않는다

ⓒ 밤세 눈이 내렸다

ⓔ 그세 일이 끝나버렸다

13. **다음 중 '껍질'과 '껍데기'가 바르게 사용된 것은?**

㉠ 과일의 껍데기를 까서 먹어라

ⓛ 달걀 껍질을 깨뜨렸다

ⓒ 굴 껍질을 까고 있었다

ⓔ 채소의 껍질을 벗겼다

14. **다음 중 밑줄 친 부분이 바르게 표기된 것을 고르시오.**

㉠ 병이 얼른 낳으시길 바랄게요

ⓛ 오빠 빨리 낳으세요

ⓒ 얼른 낫으시길 빌게요

ⓔ 한국이 낳은 선수다

15. 산 ( ) 조붓한 오솔길에 봄이 찾아온다네

들 ( ) 뽀얀 논밭에도 온다네….

위의 괄호 안에 들어갈 낱말로 각각 적절한 것은?

㉠ 너머 ― 넘어   ⓛ 너머 ― 너머

ⓒ 넘어 ― 너머   ⓔ 넘어 ― 넘어

16. 다음 중 '늘였다' '늘렸다'가 바르게 쓰인 것은?

 ㉠ 고무줄을 늘렸다 ㉡ 엿가락을 늘렸다

 ㉢ 학생 수를 늘렸다 ㉣ 실력을 늘였다

17. 다음 중 '다르다' '틀리다'가 바르게 사용된 것은?

 ㉠ 너와 나는 틀리다 ㉡ 아들이 아버지와 얼굴이 틀리다

 ㉢ 군자와 소인은 틀리다 ㉣ 너와 나는 성격이 다르다

18. 다음 중 '당기다' '땡기다' '댕기다'가 바르게 사용된 것은?

 ㉠ 식욕이 땡긴다 ㉡ 그물을 당겨라

 ㉢ 방아쇠를 댕겼다 ㉣ 퇴근시간을 땡겼다.

19. 다음 중 '덕분' '탓'이 바르게 사용된 것은?

 ㉠ 선배님 탓에 잘 해낼 수 있었습니다

 ㉡ 잘되면 제 탓 못되면 조상 탓

 ㉢ 걱정해 주신 덕분에 잘 지냈습니다

 ㉣ 기름값이 오른 덕분에 매출이 줄었다

20. 다음 중 '띠다' '띠다'가 바르게 사용된 것은?

 ㉠ 미소 띤 얼굴로 손님을 맞자

ⓛ 버드나무 가지가 연두색을 띤다

ⓒ 글자 사이를 띠어 써라

ⓔ 그의 표정이 눈에 띠게 밝아졌다

21. 다음 중 '맞히다' '맞추다'가 바르게 사용된 것은?

ⓖ 네 개밖에 못 맞춰 창피했다

ⓛ 이번에는 정답을 맞췄다

ⓒ 화살을 적장의 어깨에 맞췄다

ⓔ 돌멩이를 던져 개구리를 맞혔다

22. 다음 중 '붙이다' '부치다'가 바르게 사용된 것은?

ⓖ 소매를 걷어부치고 덤벼들었다

ⓛ 짜증 섞인 말을 쏘아붙였다

ⓒ 밀어부친다고 해결될 일이 아니다

ⓔ 옷을 벗어부치고 일을 시작했다

23. 다음 중 '한참' '한창'이 잘못 사용된 것은?

ⓖ 두 사람은 한참 열애 중이다

ⓛ 공사가 한창인 아파트

ⓒ 눈이 한창 쏟아지고 있다

ⓔ 한참을 기다렸다

24. 다음 중 '조정' '조종'이 바르게 사용된 것은?

㉠ 시세 조정 혐의　　㉡ 공공요금 조종

㉢ 원격조정　　㉣ 버스 노선 조정

25. 다음 중 '빌다' '빌리다'가 잘못 사용된 것은?

㉠ 이 자리를 빌어 인사를 드립니다

㉡ 은행에서 돈을 빌렸다

㉢ 수필의 형식을 빌려 이야기를 풀어 갔다

㉣ 소녀는 하늘에 소원을 빌었다

26. 다음 중 '좇다' '쫓다'가 바르게 사용된 것은?

㉠ 다람쥐 좇던 어린 시절

㉡ 부모님의 의견을 쫓기로 했다

㉢ 꿈을 좇아 한국에 왔다

㉣ 기러기 떼를 쫓고 있으니 마음이 서글퍼지는구나

27. 다음 중 '웃옷' '윗옷'이 바르게 사용된 것은?

㉠ 날씨가 추우니 윗옷을 걸쳐 입어라

㉡ 그는 윗옷으로 코트 하나만 걸치고 나갔다

㉢ 웃옷을 벗어 던지고 물속에 뛰어들었다

㉣ 윗옷 두 벌과 아래옷 세 벌을 준비했다

28. 다음 중 '깎기' '깎이'가 잘못 사용된 것은?

㉠ 손톱깎이가 어디로 갔나?

㉡ 연필깎이로 깎으면 편하다

㉢ 연필깎기 좀 빌려 줄래?

㉣ 나 손톱 깎기 싫어

제3장
틀리기 쉬운 말 바로쓰기

1. 다음 중 '께' '게'가 바르게 사용된 것은?

　㉠ 다 줄께요　　㉡ 곧 갈께

　㉢ 갈꺼야　　㉣ 갈거나

2. 다음 중 밑줄 친 부분이 바르게 사용된 것은?

　㉠ 선생님들은 <u>길다란</u> 회초리를 들고 계셨다

　㉡ 운동장에는 <u>짤다란</u> 나무가 많다

　㉢ 방이 참으로 <u>널따랗다</u>

　㉣ 지붕에는 <u>얄다란</u> 함석판들이 이어져 있었다

3. 다음 중 '에요' '예요'가 바르게 사용된 것은?

　㉠ 벚꽃이 곧 필 거에요　　㉡ 이것은 책이예요

　㉢ 그것은 문제도 아니예요　　㉣ 이것은 꽃이에요

4. 다음 중 밑줄 친 부분이 바르게 사용된 것은?

　㉠ 나이에 비해 <u>애띠어</u> 보인다

ⓛ 앳띤 얼굴이 다섯 살은 어려 보인다

ⓒ 얼굴이 <u>앳뗘</u> 보여 훨씬 어린 줄만 알았다

ⓔ 풋풋하고 <u>앳된</u> 목소리에 가슴이 설렜다

5. **다음 중 밑줄 친 부분이 바르게 사용된 것은?**

ⓐ 구름 속에 나비처럼 <u>날던</u> 지난날

ⓛ 나한테 좀 <u>팔으면</u> 좋겠다

ⓒ 창문을 활짝 <u>열으면</u> 어떻게 하느냐

ⓔ <u>부풀은</u> 꿈에 젖어 있다

6. **다음 중 '담다' '담그다'와 관련해 바르게 사용된 것은?**

ⓐ 김치를 담궜다

ⓛ 김치를 담가 먹었다

ⓒ 겨울 김장김치를 담았다

ⓔ 겨울에는 김치를 담아야 한다

7. **다음 중 '몇 일' '며칠'이 바르게 사용된 것은?**

ⓐ 몇 일이 걸려도 상관 없다

ⓛ 오늘이 몇 일이지?

ⓒ 그는 몇 일 동안 아무 말이 없었다

ⓔ 며칠 동안 장맛비가 계속 내렸다

8. **다음 중 '본따다' '본뜨다'와 관련해 바르게 사용된 것은?**

   ㉠ 동물을 본딴 로봇

   ㉡ 아이들은 부모의 행동을 본따게 마련이다

   ㉢ 봉황을 본딴 무늬

   ㉣ 남의 작품을 본떠 그린 그림

9. **다음 중 밑줄 친 부분이 바르게 사용된 것은?**

   ㉠여자친구랑 2년간 <u>사겼다</u>

   ㉡주인이 <u>바뀌어</u> 있었다

   ㉢아기가 자꾸 얼굴을 <u>할켜요</u>

   ㉣여자친구가 수시로 <u>바껴</u>

10. **다음 중 밑줄 친 부분이 바르게 표기된 것은?**

    ㉠ 저속한 내용을 <u>삼가합시다</u>

    ㉡ 흡연을 <u>삼가해주십시오</u>

    ㉢ 담배를 <u>삼가기로</u> 했다

    ㉣ 어른 앞에서 행동을 <u>삼가해야</u> 한다

11. **다음 중 '설레이다' '설레다'와 관련해 바르게 사용된 것은?**

    ㉠ 처음 보자마자 마음이 설레이었다

ⓒ 첫눈의 설레임

ⓒ 마음이 설레이어서 잠이 오지 않는다

ⓒ 벌써부터 마음이 설렌다

12. 다음 중 '어떻다'와 관련해 바르게 사용된 것은?

ⓒ 나 어떻해 너 갑자기 가버리면

ⓒ 갑자기 바꾸면 어떡해

ⓒ 그렇게 쓰면 어떡케

ⓒ 그는 어떠케 지낼까

13. 다음 중 밑줄 친 말이 바르게 사용된 것은?

ⓒ <u>아다시피</u> 우린 시간이 없어요

ⓒ 너도 <u>알다싶이</u> 이미 늦었다

ⓒ <u>아다싶이</u> 그는 따뜻한 사람이잖아

ⓒ <u>알다시피</u> 처음부터 그랬던 건 아니에요

14. 다음 중 밑줄 친 말이 바르게 사용된 것은?

ⓒ 생일에는 <u>으레</u> 케이크를 사 간다

ⓒ 크리스마스에는 <u>으레</u> 선물을 주고받는다

ⓒ 학교를 마치면 <u>의레</u> 학원으로 간다

ⓒ <u>어레</u> 그렇게 하는 줄 알고 지냈다

15. 다음 중 '치루다' '치르다'와 관련해 바르게 사용된 것은?

ㄱ 잔금을 치뤄야 한다

ㄴ 옷값을 치르고 가게를 나왔다

ㄷ 수능 시험을 치뤘다

ㄹ 결혼 잔치를 치루었다

16. 다음 중 '에요' '예요'와 관련해 바르게 사용된 것은?

ㄱ 그건 사실이 아니에요

ㄴ 범인은 바로 저에요

ㄷ 여기 제 성적표에요

ㄹ 이게 바로 제 책이예요

17. 다음 중 '모자르다' '모자라다'와 관련해 바르게 사용된 것은?

ㄱ 학생들은 늘 잠이 모자른다

ㄴ 이번 달 결제할 돈이 모잘란다

ㄷ 순진한 건지 모자라는 건지 알 수 없다

ㄹ 피가 모잘라 수시로 수혈해야 한다

18. 다음 중 '졸립다' '졸리다'와 관련해 바르게 사용된 것은?

ㄱ 밤새 공부했더니 졸리고 피곤하다

ⓒ 졸리워서 자러 가는 모양이었다

ⓓ 학생들의 졸리운 표정을 보니 안쓰럽다

ⓔ 자도 자도 졸립고 피곤하다

19. 다음 중 '∼배기' '∼바기'와 관련해 바르게 사용된 것은?

ⓐ 오이소배기를 담갔다

ⓑ 나는 차돌박이가 좋다

ⓒ 두 살박이 아들이 있다

ⓓ 그는 진짜박이다

제4장

가급적 피해야 할 표현

1. 다음 중 '같아요'가 바르게 사용된 것은?

㉠ 시원해서 참 좋은 것 같아요

㉡ 너무 재미있는 것 같아요

㉢ 저는 하기 싫은 것 같아요

㉣ 아기가 배가 고픈 것 같아요

2. 다음 중 '시키다'가 바르게 사용된 것은?

㉠ 직원을 복직시켰다

㉡ 직원을 해고시켰다

㉢ 환경을 개선시켰다

㉣ 사표를 반려시켰다

3. 다음 중 '～이세요'가 바르게 사용된 것은?

㉠ 5만원이세요

㉡ 신상품이세요

㉢ 제 어머님이세요

ⓔ 3번 좌석이세요

4. **다음 중 '~게요'가 바르게 사용된 것은?**

ⓐ 목에 힘 빼실게요   ⓑ 다시 연락할게요

ⓒ 레이저 시술 하실게요   ⓓ 계산하실게요

5. **다음 중 '~들'이 가장 적절하게 사용된 것은?**

ⓐ 음식점들이 늘어서 있다

ⓑ 여러 사람들이 다쳤다

ⓒ 행사에 많은 사람들이 모였다

ⓓ 조용히들 하세요

6. **다음 중 '의'가 가장 적절하게 사용된 것은?**

ⓐ 나의 살던 고향

ⓑ 스스로의 약속을 저버렸다

ⓒ 예술의 아름다움

ⓓ 국회의 변화하는 모습

7. **다음 중 '중'이 가장 적절하게 사용된 것은?**

ⓐ 공격적인 투자를 계획 중이다

ⓑ 실천 방안을 검토 중이다

ⓒ 행사 참가를 고려 중이다

ⓔ 영웅 중의 영웅

8. 다음 중 '~에 있어(서)'가 가장 적절하게 사용된 것은?

ⓐ 집에만 있어서 잘 모르겠다

ⓑ 당신은 나에게 있어 존재의 의미입니다

ⓒ 논술을 공부함에 있어 이론은 중요하지 않다

ⓔ 일에 있어서나 사랑에 있어 열정적이다

9. 다음 중 '적'이 가장 적절하게 사용된 것은?

ⓐ 무조건적으로 따르고 있다

ⓑ 몸적 마음적으로 피곤하다

ⓒ 장난적인 답변은 사양합니다

ⓔ 국가적 손실이 막대하다

10. 다음 중 '가지다'가 가장 적절하게 사용된 것은?

ⓐ 즐거운 시간 가지시기 바랍니다

ⓑ 많이 가진다고 행복해지는 게 아니다

ⓒ 좋은 생각을 가진 사람은 말해 보라

ⓔ 나는 3만원을 가지고 있다

11. 다음 중 밑줄 친 부분 가운데 가장 적절하게 표현된 것은?

㉠ 적절한 교육<u>으로</u> 소질을 키울 수 있다

㉡ 상업논리에 의해 지배받는

㉢ 친구들에 의해 소외당하고 있다

㉣ 자연은 일정한 목적에 의해 움직인다

12. 다음 중 밑줄 친 부분 가운데 가장 적절하게 표현된 것은?

㉠ 그 업체는 한국<u>으로부터</u> 철수했다

㉡ 친구<u>로부터</u> 편지가 왔다

㉢ 기업<u>에서</u> 금품을 받았다

㉣ 모 씨<u>로부터</u> 돈을 받았다

제5장
띄어쓰기

1. 다음 중 띄어쓰기가 바르게 된 것은?

㉠ 나도 할수 있다   ㉡ 국장겸 과장

㉢ 네가 뜻한 바를 알겠다   ㉣ 먹을만큼 먹어라

2. 다음 중 띄어쓰기가 잘못된 것은?

㉠ 홍길동 씨   ㉡ 민수철 교수

㉢ 백범 김구   ㉣ 충무공 이순신장군

3. 다음 중 '지'의 띄어쓰기가 잘못된 것은?

㉠ 그를 만난지도 꽤 오래됐다

㉡ 집을 떠나 온 지 3년이 지났다.

㉢ 그 사람이 누군지 아무도 모른다.

㉣ 어머님께서도 안녕하신지.

4. 다음 중 '데'의 띄어쓰기가 잘못된 것은?

㉠ 그가 사는 데는 여기서 한참 멀다

ⓛ 여기가 우리 고향인데 인심 좋은 곳이지

ⓒ 그 사람은 오직 졸업장을 따는데 목적이 있다

ⓔ 오늘 날씨가 정말 추운데

5. **다음 중 '바'의 띄어쓰기가 잘못된 것은?**

ⓖ 각자 맡은바 책임을 다하라

ⓛ 이렇게 억지 부릴 바에는 다 그만두자

ⓒ 그는 나와 동창인바 그를 잘 알고 있다

ⓔ 죄가 큰바 응당 벌을 받아야 한다

6. **다음 중 '대로'의 띄어쓰기가 잘못된 것은?**

ⓖ 예상했던 대로 시험 문제가 까다로웠다

ⓛ 될 수 있는대로 빨리 와라

ⓒ 처벌하려면 법대로 해라

ⓔ 둘의 애정은 식을 대로 식었다

7. **다음 중 '밖'의 띄어쓰기가 바르게 된 것은?**

ⓖ 예상밖으로 일이 복잡해졌다

ⓛ 그는 공부밖에 모른다

ⓒ 기대밖의 높은 점수를 얻었다

ⓔ 나를 알아주는 사람은 너 밖에 없다

8. 다음 중 '뿐'의 띄어쓰기가 바르게 된 것은?

㉠ 소문으로만 들었을뿐이네

㉡ 구경만 할뿐 거드는 이가 없었다

㉢ 믿을 것은 오직 실력 뿐이다

㉣ 시간만 보냈다 뿐이지 한 일은 없다

9. 다음 중 '만'의 띄어쓰기가 바르게 된 것은?

㉠ 도착한 지 두 시간 만에 떠났다

㉡ 도대체 이게 얼마만인가

㉢ 그가 화를 낼만도 하다

㉣ 하루 종일 잠 만 잤더니 머리가 띵했다

10. 다음 중 '만큼'의 띄어쓰기가 바르게 된 것은?

㉠ 사용한만큼 돈을 내면 된다

㉡ 숨소리가 들릴만큼 조용했다

㉢ 노력한 만큼 대가를 얻게 마련이다

㉣ 부모님에게 만큼은 잘해 드리고 싶었는데

11. 다음 중 '간'의 띄어쓰기가 잘못된 것은?

㉠ 부모와 자식 간에도 예의를 지켜야 한다

㉡ 이틀간 두문불출했다

ⓒ 뭘 하든지 간에 열심히만 해라

ⓔ 서울과 부산간에 2시간40분이 걸린다

12. 다음 중 '망정'의 띄어쓰기가 잘못된 것은?

ⓐ 옆에 있었으니까 망정이지 큰일 날 뻔했다

ⓑ 시골에서 살망정 세상 물정을 모르지는 않는다

ⓒ 규모가 작을 망정 역사는 오래됐다

ⓔ 시험에 떨어질망정 남의 것을 베끼지는 않겠다

13. 다음 중 '안'의 띄어쓰기가 잘못된 것은?

ⓐ 오늘은 학교에 안 간다

ⓑ 장사가 너무 안 된다

ⓒ 자식이 안되기를 바라는 부모가 어디 있겠는가

ⓔ 학교에 지각하면 안 된다

14. 다음 중 '동안'의 띄어쓰기가 잘못된 것은?

ⓐ 3시간 동안 비가 내렸다

ⓑ 사흘 동안 말이 없었다

ⓒ 오랫동안 먼발치에서 혼자 좋아해 왔다

ⓔ 무거운 침묵이 한 동안 계속됐다

15. 다음 중 '걸'의 띄어쓰기가 잘못된 것은?

㉠ 아직 멀쩡한 걸 왜 버리느냐?

㉡ 그 친구는 내일 미국으로 떠날걸

㉢ 온다는걸 미리 몰랐다

㉣ 내가 잘못했다고 먼저 사과할걸

16. 다음 중 '한번'의 띄어쓰기가 잘못된 것은?

㉠ 두 번 중 한번은 실패했다

㉡ 제대로 한번 해 보자

㉢ 우리 집에 한번 놀러 오세요

㉣ 말 한번 시원하게 잘했다

17. 다음 중 '지난'의 띄어쓰기가 잘못된 것은?

㉠ 그녀와 보냈던 지난날의 추억을 잊을 수 없다

㉡ 월말 고사 성적이 지난달보다 올랐다

㉢ 지난 겨울에는 유독 눈이 많이 내렸다

㉣ 올여름은 지난해보다 훨씬 덥다

제6장
외래어 표기법

1. 다음 중 외래어 표기가 바르게 된 것은?

㉠ 까레이스키   ㉡ 떼제베

㉢ 빠리   ㉣ 사이클

2. 다음 중 외래어 표기가 바르게 된 것은?

㉠ 굳모닝   ㉡ 디스켙

㉢ 오프셋   ㉣ 커피숖

3. 다음 중 외래어 표기가 바르게 된 것은?

㉠ 내레이터   ㉡ 리오데자네이로

㉢ 산타바바라   ㉣ 세느

4. 다음 중 외래어 표기가 바르게 된 것은?

㉠ 도오쿄(東京)   ㉡ 스키이(skee)

㉢ 루우트(route)   ㉣ 키퍼(keeper)

5. 다음 중 외래어 표기가 바르게 된 것은?

　㉠ 레인보우(rainbow)　　㉡ 윈도(window)

　㉢ 옐로우(yellow)　　㉣ 스노우(snow)

6. 다음 중 외래어 표기가 바르게 된 것은?

　㉠ 내쉬빌(Nashville)　　㉡ 쉬림프(shrimp)

　㉢ 플래쉬(flash)　　㉣ 피시(fish)

7. 다음 중 외래어 표기가 바르게 된 것은?

　㉠ 스위치(switch)　　㉡ 캐취(catch)

　㉢ 티취(teach)　　㉣ 패취(patch)

8. 다음 중 외래어 표기가 바르게 된 것은?

　㉠ 비젼(vision)　　㉡ 스케줄(schesule)

　㉢ 쥬스(juice)　　㉣ 츄잉(chewing)

9. 다음 중 문장에서 처음 나올 때 중국의 인물 표기로 가장 적절한 것은?

　㉠ 덩샤오핑(鄧小平)　　㉡ 등소평(鄧小平)

　㉢ 鄧小平(덩사오핑)　　㉣ 鄧小平(등소평)

10. 다음 중 문장에서 처음 나올 때 일본의 인물 표기로 가장 적절한 것은?

㉠ 덕천가강(德川家康)　　㉡ 도쿠가와 이에야스(德川家康)

㉢ 德川家康(덕천가강)　　㉣ 德川家康(도쿠가와 이에야스)

11. 다음 중 잘 알려진 외국의 인물을 표기할 때 가장 적절한 것은?

㉠ 조 바이든(Joe Biden)　　㉡ 조 바이든

㉢ Joe Biden(조 바이든)　　㉣ 바이든 조

12. 다음 중 제목에서 관용으로 쓰이는 한자와 국가의 짝이 맞지 않는 것은?

㉠ 希 − 그리스　　㉡ 墺 − 오스트리아

㉢ 伊 − 이탈리아　　㉣ 葡 − 폴란드

13. 다음 중 된소리와 관련한 중국·일본의 인명·지명 표기가 바르지 않은 것은?

㉠ 마오쩌둥　　㉡ 쓰시마　　㉢ 쓰촨　　㉣ 쯔쿠바

14. 다음 중 문장에서 처음 나올 때 약어 표기 방법으로 가장 적절한 것은?

㉠ OECD (경제협력개발기구)

㉡ 경제협력개발기구(OECD)

㉢ OECD

㉣ 경제협력개발기구

제1장
맞춤법의 기본 원칙

1. ㉢ 남여
2. ㉠ 결산년도
3. ㉡ 인삿말
4. ㉣ 그것이 아니오
5. ㉣ 솔직이
6. ㉣ 굳이 – 해돋이
7. ㉣ 생각건대
8. ㉢ 내일 봬요
9. ㉠ 아지랑이
10. ㉡ 승락

제2장
비슷한 말 구분하기

1. ㉣ 커서 의사가 되고 싶다
2. ㉣ 왠지 이유를 모르겠다
3. ㉢ 선생님께서 기뻐하시던?
4. ㉣ 일이 생각만큼 쉽지 않았다
5. ㉣ 나로서는 최선을 다했다
6. ㉢ 물가상승률
7. ㉡ 재수없이 개에게 물렸다
8. ㉢ 손가락으로 북쪽을 가리켰다
9. ㉣ 카드 결제가 밀렸다
10. ㉣ 중화학 부문이 산업을 이끌었다
11. ㉠ 직접 들은 것 – 다른 사람에게서 들은 것
12. ㉠ 금세 사랑이 식어버렸다
13. ㉣ 채소의 껍질을 벗겼다
14. ㉣ 한국이 낳은 선수다
15. ㉡ 너머 – 너머
16. ㉢ 학생 수를 늘렸다
17. ㉣ 너와 나는 성격이 다르다

18. ㉡ 그물을 당겨라

19. ㉢ 걱정해 주신 덕분에 잘 지냈
습니다

20. ㉠ 미소 띤 얼굴로 손님을 맞자

21. ㉣ 돌멩이를 던져 개구리를 맞
혔다

22. ㉡ 짜증 섞인 말을 쏘아붙였다

23. ㉠ 두 사람은 한참 열애 중이다

24. ㉣ 버스 노선 조정

25. ㉠ 이 자리를 빌어 인사를 드립
니다

26. ㉢ 꿈을 좇아 한국에 왔다

27. ㉣ 윗옷 두 벌과 아래옷 세 벌
을 준비했다

28. ㉢ 연필깎기 좀 빌려 줄래?

제3장
틀리기 쉬운 말 바로쓰기

---

1. ㉣ 갈거나

2. ㉢ 방이 참으로 널따랗다

3. ㉣ 이것은 꽃이에요

4. ㉣ 풋풋하고 앳된 목소리에 가
슴이 설렜다

5. ㉠ 구름 속에 나비처럼 날던 지
난날

6. ㉡ 김치를 담가 먹었다

7. ㉣ 며칠 동안 장맛비가 계속 내
렸다

8. ㉣ 남의 작품을 본떠 그린 그림

9. ㉡ 주인이 바뀌어 있었다

10. ㉢ 담배를 삼가기로 했다

11. ㉣ 벌써부터 마음이 설렌다

12. ㉡ 갑자기 바꾸면 어떡해

13. ㉣ 알다시피 처음부터 그랬던
건 아니에요

14. ㉠ 생일에는 으레 케이크를 사
간다

15. ㉡ 옷값을 치르고 가게를 나왔
다

16. ㉠ 그건 사실이 아니에요.

17. ㉢ 순진한 건지 모자라는 건지
알 수 없다

18. ㉠ 밤새 공부했더니 졸리고 피
곤하다

19. ㉡ 나는 차돌박이가 좋다

제4장
가급적 피해야 할 표현

---

1. ㉣ 아기가 배가 고픈 것 같아요
2. ㉠ 직원을 복직시켰다
3. ㉢ 제 어머님이세요
4. ㉡ 다시 연락할게요
5. ㉣ 조용히들 하세요
6. ㉢ 예술의 아름다움
7. ㉣ 영웅 중의 영웅
8. ㉠ 집에만 있어서 잘 모르겠다
9. ㉣ 국가적 손실이 막대하다
10. 많이 가진다고 행복해지는 것이 아니다
11. ㉠ 적절한 교육으로 소질을 키울 수 있다
12. ㉢ 기업에서 금품을 받았다

제5장
띄어쓰기

---

1. ㉢ 네가 뜻한 바를 알겠다
2. ㉣ 충무공 이순신장군
3. ㉠ 그를 만난지도 꽤 오래됐다
4. ㉢ 그 사람은 오직 졸업장을 따는데 목적이 있다
5. ㉠ 각자 맡은바 책임을 다하라
6. ㉡ 될 수 있는대로 빨리 와라

7. ㉡ 그는 공부밖에 모른다
8. ㉣ 시간만 보냈다 뿐이지 한 일은 없다
9. ㉠ 도착한 지 두 시간 만에 떠났다
10. ㉢ 노력한 만큼 대가를 얻게 마련이다
11. ㉣ 서울과 부산간에 2시간40분이 걸린다
12. ㉢ 규모가 작을 망정 역사는 오래됐다
13. ㉡ 장사가 너무 안 된다
14. ㉣ 무거운 침묵이 한 동안 계속됐다
15. ㉢ 온다는걸 미리 몰랐다.
16. ㉠ 두 번 중 한번은 실패했다
17. ㉢ 지난 겨울에는 유독 눈이 많이 내렸다

제6장
외래어 표기법

---

1. ㉣ 사이클
2. ㉢ 오프셋
3. ㉠ 내레이터

4. ㄹ 키퍼(keeper)

5. ㄴ 윈도(window)

6. ㄹ 피시(fish)

7. ㄱ 스위치(switch)

8. ㄴ 스케줄(schesule)

9. ㄱ 덩샤오핑(鄧小平)

10. ㄴ 도쿠가와 이에야스(德川家康)

11. ㄴ 조 바이든

12. ㄹ 葡 − 폴란드

13. ㄹ 쯔쿠바

14. ㄴ 경제협력개발기구(OECD)

부록
문장 부호

문자메시지 등에서는 속도를 중시하다 보니 맞춤법을 따르지 않는 경우가 흔하다. 특히 줄임말이 많이 쓰이고 있다. 이러한 현상은 단어뿐 아니라 문장부호에서도 나타난다. 말을 줄이는 경우 '..'처럼 간단하게 두 개의 마침표를 찍는 사람이 적지 않다.

그렇다면 말줄임표의 바른 표기는 어떤 것일까? 국립국어원은 시대의 변화에 맞추어 2015년 문장부호 표기 방식을 개정했다. 줄임표의 경우 이전엔 여섯 개의 중점(……)을 찍어야 했지만 세 개의 중점(…)도 가능하도록 표기법을 개정했다. 더불어 가운데 찍었던 기존 줄임표 외에 '......' '..'처럼 아래에 찍는 것도 바른 표기로 인정했다. 키보드 사용 시 편리하기 때문이다.

컴퓨터·휴대전화 등 키보드를 통한 문서 작성이 주를 이루다 보니 낫표와 화살괄호도 키보드에서 쉽게 쓸 수 있는

따옴표로 대체할 수 있도록 했다. 즉 「한글맞춤법」→ '한글맞춤법', 〈한글날〉 → '한글날'로 적을 수 있게 했다. 기타 중요한 문자 부호 표기를 소개한다.

문장 부호 일람표

.	마침표	서술, 명령, 청유 등을 나타내는 문장의 끝에 쓴다. 연월일을 표시하거나 특정한 의미가 있는 날을 나타낼 때 쓴다.
?	물음표	의문문이나 물음을 나타내는 어구의 끝에 쓴다. 적절한 말을 쓰기 어렵거나 모르는 내용임을 나타낼 때 쓴다.
!	느낌표	감탄문이나 강한 느낌을 나타내는 어구의 끝에 쓴다.
,	쉼표	어구를 나열하거나 문장의 연결 관계를 나타낼 때 쓴다. 문장에서 끊어 읽을 부분임을 나타낼 때 쓴다.
·	가운뎃점	둘 이상의 어구를 하나로 묶어서 나타낼 때 쓴다.

:	쌍점	표제나 주제에 대하여 구체적인 사례나 설명을 붙일 때 쓴다. 시와 분, 장과 절 등을 구별할 때 쓴다.
/	빗금	대비되는 둘 이상의 어구를 묶어서 나타낼 때 쓴다.
" "	큰따옴표	대화를 표시하거나 직접 인용한 문장임을 나타낼 때 쓴다.
' '	작은따옴표	인용문 속의 인용문이거나 마음속으로 한 말임을 나타낼 때 쓴다. 문장 내용 중에서 특정한 부분을 특별히 드러내 보일 때 쓴다.
( )	소괄호	주석이나 보충적인 내용을 덧붙일 때 쓴다. 항목의 순서나 종류를 나타낼 때 쓴다.
{ }	중괄호	같은 범주에 속하는 여러 요소들을 묶어서 보일 때 쓴다.
[ ]	대괄호	괄호 안에 또 괄호를 쓸 필요가 있을 때 바깥쪽의 괄호로 쓴다. 원문에 대한 설명이나 논평 등을 덧붙일 때 쓴다.

『 』	겹낫표	책의 제목이나 신문 이름 등을 나타낼 때 쓴다.
「 」	홑낫표	소제목, 예술 작품의 제목, 상호, 법률 등을 나타낼 때 쓴다.
《 》	겹화살괄호	책의 제목이나 신문 이름 등을 나타낼 때 쓴다.
〈 〉	홑화살괄호	소제목, 예술 작품의 제목, 상호, 법률 등을 나타낼 때 쓴다.
—	줄표	제목 다음에 표시하는 부제를 나타낼 때 쓴다. 문장 중간에 끼어든 어구임을 나타낼 때 쓴다.
–	붙임표	차례대로 이어지거나 밀접한 관련이 있는 어구를 묶어서 나타낼 때 쓴다.
~	물결표	기간이나 거리 또는 범위를 나타낼 때 쓴다.
˙	드러냄표	문장 내용 중에서 특정한 부분을 특별히 드러내 보일 때 쓴다.

—	밑줄	문장 내용 중에서 특정한 부분을 특별히 드러내 보일 때 쓴다.
○, ×	숨김표	금기어나 비속어 또는 비밀임을 나타낼 때 쓴다.
□	빠짐표	글자가 들어갈 자리임을 나타낼 때 쓴다.
......	줄임표	할 말을 줄이거나 말이 없음을 나타낼 때 쓴다.

※출처 : 국립국어원

우리말 맞춤법 수업

초판 1쇄 발행 | 2023년 9월 11일
초판 2쇄 발행 | 2023년 12월 5일

지은이 배상복
발행인 박효상
편집장 김현
기획·편집 김효정, 장경희 **디자인** 임정현
표지·본문 디자인 정정은
마케팅 이태호, 이전희
관리 김태옥

종이 월드페이퍼 | **인쇄·제본** 예림인쇄·바인딩 | **출판등록** 제10-1835호
펴낸 곳 사람in | **주소** 04034 서울특별시 마포구 양화로 11길 14-10(서교동) 3F
전화 02)338-3555(代) | **팩스** 02)338-3545 | **E-mail** saramin@netsgo.com
Website www.saramin.com

책값은 뒤표지에 있습니다.
파본은 바꾸어 드립니다.

ISBN 979-11-7101-025-7 13710

우아한 지적만보, 기민한 실사구시 사람in